처음 만나는
음악심리학
음악에서 치료까지

| 황은영 · 양은아 공저 |

The Music-Psychology for Beginners

From Music to Music Therapy

머리말

"음악으로 어디까지 할 수 있을까요?"

수업 중 학생들에게 질문해 보았습니다.

"위로가 될 수 있습니다." "힘이 되었습니다."와 같이 예상했던 답들도 있었지만 "두통이 사라졌어요." "강아지가 잠을 잘 자요."처럼 생각지도 못했던 답들도 있었습니다.

우리는 음악으로 무엇까지 할 수 있을까요?

음악치료를 시작한 지 20여 년이 지나가고 있습니다. 음악치료사로서 음악은 힘이 있다고 당연하게 생각해 왔는데 과연 어떤 힘이 있을지 이 책을 쓰면서 다시 한번 생각하는 시간이 되었습니다. 음악의 힘이 무엇인지, 그리고 어떻게 음악으로 치료될 수 있는지 음악치료를 처음 만날 때 가졌던 궁금증을 생각하며 이 책을 집필하게 되었습니다.

저자들은 이 책을 총 5장으로 구성하여 소리에서 시작해서 음악이 심리치료로 사용되는 내용을 소개하고자 합니다. 제1장에서는 진동으로 발생한 움직임이 어떻게 소리로 지각되는가에 대한 과정과 우리 주변에서 쉽게 경험할 수 있는 소리에 대한 현상들을 소개하고 있습니다. 제2장에서는 소리들이 어떻게 음악으로 우리에게 인식되고 있는가에 대해 멜로디, 리듬 등 음악의 요소별로 소개하고 있습니다. 제3장에서는 본격적으로 음악이 어떻게 심리적으로 인간에게 영향을 미칠 수 있는가에 대해서 음악의 기원부터 시대별로 인간에게 영향을 미쳐 온 음악의 역할에 대해 소개하고 있습니다. 제4장에서는 음악심리치료에 대해 소개하고 있습니다. 음악이 어떻게 심리치료에 적용될 수 있는지에 대해 기본적인 이론과 함께 다양한 방법을 소개하고 있습니다. 마지막으로, 제5장에서는 음악이 심리치료에 적용되는 사례를 소개하고 있습니다. 이 사례들은 현장에서 실제 적용했던 내용이며, 음악심리치료에 관심 있는 사람들에게 실질적인 도움을 주고자 수록하였습니다.

최근 현대인들은 정신적 건강에도 관심을 가지기 시작하며, 건강은 단지 신체적 질병이 없는 상태가 아닌 정신적·영적 건강까지 그 의미가 확대되고 있습니다. 특히 전 세계적으로 COVID-19과 함께 나타난 우울(코로나 블루) 등을 경험하면서 사회적으로도 정신적 건강의 중요성이 더욱 강조되고 있습니다. 어려운 시기에 음악은 편안함을 주고 마음을 건강하게 해 주는 백신 같은 심리방역으로서의 역할을 하였습니다. 또한 음악은 단지 즐거움을 주는 미적 경험을 넘어서 이제는 나를 위로해 주고 지지해 주고 공감해 주는 심리적인 치유의 역할까지 하게 되었습니다.

이 책은 현대인들뿐만 아니라 관련 전문가와 학생들에게 음악의 힘과 관련된 이론과 함께 현장에서 음악을 심리치료로 적용할 때 실질적인 도움을 주고자 집필하였습니다. 그리고 많은 사람이 음악이 주는 힘으로 마음의 위로와 지지를 받을 수 있기를 진심으로 바랍니다. 이 책이 세상에 나올 수 있도록 도와주신 학지사 김진환 대표님과 도움을 주신 모든 관계자분께 감사드립니다. 부디 우리들의 작은 관심과 노력으로 현대인들에게 음악이 행복한 삶을 제공할 수 있기를 바라며, 마지막으로 사례를 함께 나눠 준 한정우, 박서희, 김성희, 김현정, 김현주, 전유진, 이승윤 음악치료사에게 다시 한번 감사의 인사를 드립니다.

2024년 9월
저자 황은영, 양은아

차례

제1장

진동에서 소리로

———

우리 주변에는 많은 소리가 있다. 빗소리, 바람소리와 같은 자연의 소리부터 냉장고 소리, 자동차 소리 등 기계 소리까지 우리는 항상 소리에 노출되어 있다. 이러한 소리들은 어떻게 발생하고 전파되어 우리에게 들리는 것일까? 이 장에서는 소리의 발생부터 우리 귀에 들리는 과정과 소리와 관련되어 발생하는 다양한 현상을 소개할 것이다.

1. 소리의 발생, 전파, 지각

"소리는 어떻게 발생하고 전파되며 지각될까?"

물체의 진동은 공기를 통해 인간의 귀에 도달하고 다시 청각신경을 통해 뇌로 전달되어 소리로 인식된다. 이러한 과정을 이해하기 위해서는 소리의 발생(음원), 전파(매개물), 지각(인간)에 대한 기본적인 이해가 필요하다.

1) 소리의 발생: 음원

소리(sound)라는 단어는 청각적인 자극을 심리학적 감각으로 보고하기 위해 사용되는 주관적인 용어를 말한다. 순수한 의미의 물리적인 관점에서 우리가 소리라고 인식하는 것은 공기 중의 진동(vibration)이다. 즉, 공기 중의 진동은 물리적이며 기계적인 에너지를 갖는 것으로 모든 종류의 소리는 공기의 진동으로부터 시작된다. 따라서 소리를 발생시킨다는 것은 그 음원과 그 주변 공기에 압력의 변화를 일으키는 것이며 이러한 자극은 주변 공기 밀도를 변화시켜 공기 입자들을 움직이도록 한다. 이러한 공기의 움직임이 인간의 귀를 통해 청각에 의해 감지될 때 그것을 소리라고 한다.

일반적으로 소리를 만들어 내기 위해서는, 첫째, 소리를 낼 수 있는 발성 메커니즘이 있어야 한다. 예를 들어, 바이올린이나 기타 등의 현악기는 현을 켜거나 튕겨야 소리를 낼 수 있고 플루트 같은 관악기는 입이나 리드로 소리를 불어 넣어야 소리를 낼 수 있다. 둘째,

소리를 만들어 내기 위해서는 특정한 진동수를 갖는 진동을 유지하는 요소가 있어야 한다. 즉, 소리가 유지되기 위해서는 지속적으로 진동모드와 결합하여 유지될 수 있어야 한다. 셋째, 소리를 만들어 내기 위해서는 공명(resonance)이 있어야 한다. 공명이란 물체의 고유 진동수와 일치하는 파동이 물체를 통과할 때 자체적으로 진동을 일으키는 현상을 말한다. 즉, 진동으로 발생한 소리들이 효과적으로 전달되기 위해서는 주변 진동이 발생하는 공명이 되어야 한다.

한편, 인간에게 소리로 지각되는 진동은 크게 주기성(periodicity)을 가지고 있는 소리와 비주기성(non-periodicity)을 가지고 있는 소리로 구분된다. 진동이 주기성을 갖는다는 것은 규칙적이고 반복적인 진동을 통해 소리가 발생하는 것을 말하는데, 주로 음악소리는 주기성을 갖는다고 한다. 또한 주기성을 갖는다는 것은 그 음의 높이를 느낄 수 있다는 것인데 1초에 몇 번의 주기를 갖는가에 따라서 초당 진동수(cycle per sound) 혹은 주파수(frequency, 단위 Hz)로 표현한다. 예를 들어, 1초에 200회의 주기를 갖는 경우를 200Hz라고 한다. 반면, 비주기성을 갖는 소리는 일반적으로 소음(noise)이라고 한다. 대부분의 음악소리는 주기성을 갖지만 음정을 갖지 않는 타악기의 소리들은 비주기성을 갖기 때문에 음향학적으로는 소음에 해당한다고 볼 수 있다.

보통 인간이 들을 수 있는 주파수 범위를 가청주파수라고 하는데 개인별로 차이는 있지만 보통 20~20,000Hz라고 한다. 즉, 1초에 20번 이상 진동을 일으켜야 소리로 감지할 수 있으며 20,000번 이상의 진동을 넘어서면 들을 수 없다는 의미이다. 이러한 진동은 우리에게 '음고(pitch)'로 느껴진다. 주파수는 물리적인 기준인데 반해 음고는 심리적인 표상이라고 할 수 있으며 보통 낮은 주파수의 소리들은 낮음 음으로, 높은 주파수의 소리들은 높은 음으로 느껴진다([그림 1-1] 참조).

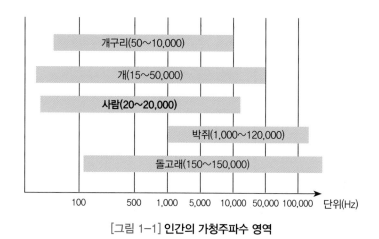

[그림 1-1] 인간의 가청주파수 영역

2) 소리의 전파: 매개물

음원을 통해 발생한 소리들은 매개물을 통해 전달될 수 있는데 이때 매개물도 구분이 될 수 있다. 첫째, 소리를 전달하는 매질 자체가 있다. 대부분 소리를 전달하는 매질은 공기이며 공기는 진동을 통해 발생한 입자들을 전달한다. 즉, 주변 공기의 압력 변화를 통해 발생하는 소리는 그것을 통과하는 공기의 동요를 통해 전달된다. 공기 중의 소리는 종파(longitudinal wave)로 전달되는데 종파는 자극이 가해지는 방향과 소리가 전달되는 방향이 동일한 경우를 말한다. 반대로 자극이 가해지는 방향과 전달되는 방향이 직각을 이룰 때는 횡파(transverse wave)라고 한다. 이러한 횡파는 고체상태에서만 가능하기 때문에 공기 중에 소리의 전파는 모두 종파라고 할 수 있다. 음악에 있어서 횡파는 현악기의 현에서 발생하는 파를 생각할 수 있다([그림 1-2] 참조).

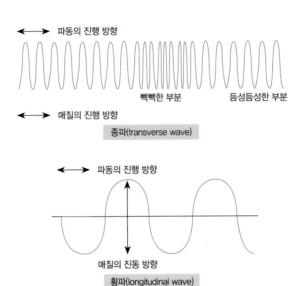

[그림 1-2] **종파와 횡파**

둘째, 벽이나 바닥 같은 경계물들이 있다. 이러한 경계물들은 소리의 반사, 흡수를 통해 소리를 전달하는 데 강한 영향을 미치며 이러한 특성으로 인해 인간의 귀에 들어오는 소리도 영향을 받는다. 소리의 전파는 전달매질에 따라 달라지는데 매질의 탄성이 높을수록, 밀도가 낮을수록 속도는 빨라진다. 예를 들면, 공기 중에서 소리의 속도는 섭씨 20도를 기준으로 1초에 344m를 진행하며 기온에 따라 달라지는데, 온도가 높을수록 소리는 더욱 빨리 전달된다. '낮말은 새가 듣고 밤말은 쥐가 듣는다'라는 속담이 있다. 이는 낮에는 온도가 높아지기 때문에 지면보다 높은 부분에서 온도가 더욱 높아서 상부에서 소리가 더 잘 전달되며 밤에는 온도가 낮아지면서 지면 가까이에서 소리가 더 잘 전달된다는 매질의 영향 때문인 것으로 설명할 수 있다.

3) 소리의 지각: 인간

공기 중의 진동이 소리로 지각되기 위해서는 인간의 귀에 도달해야 한다. 인간의 귀는 외이(outer ear)와 중이(middle ear), 그리고 내이(inner ear)로 구분할 수 있다. 외이는 밖으로 돌출되어 있으며 귓불 혹은 귓바퀴(pinna)라 불리는 귀의 바깥부분부터 귀구멍이라고 부르는 이도(auditory canal 혹은 mentus)와 고막까지를 말한다. 이 중 귓바퀴의 주요 역할은 소리를 증폭시켜 고막으로 전달하는 것이다. 인간의 귓바퀴는 너무 작아서 저주파 소리(낮은 소리)를 구성하는 긴 파장을 잘 받아내지 못하기 때문에 고주파(높은 소리) 부분만을 증폭시켜 음악을 좀 더 감미롭게 만든다. 이렇게 증폭된 진동은 2~3cm 되는 관인 이도를 통해 고막에 이르게 된다. 고막은 이도 안으로 막혀 있는 얇은 막으로 기압 변화에 대응하여 팽창하는 조직을 말하는데 고막 역시 소리를 공명시켜 진동수를 증폭시킨다.

전달된 소리는 고막 안쪽인 중이에 이르게 된다. 중이는 공기로 가득 채워져 있는 관인데 유스타키오관(eustachian tube)을 통해 목과도 연결이 되어 있다. 소리의 전달과정을 보면 중이에는 울퉁불퉁한 모양의 잔뼈(ossicles)들이 인대에 달려 있는데 먼저 고막이 중이의 첫 번째 위치한 추골(malleus, 망치뼈)을 밀면 그것이 두 번째 있는 침골(incus, 모루뼈)을 치고 또 침골은 세 번째 있는 등골(stapes, 등자뼈)을 밀어 내이의 입구로 밀어붙인다. 이 작은 뼈들은 지렛대 역할을 하면서 진동을 증폭시켜 주는데 각각의 음에 담겨 있는 진동수를 단번에 감싸 안아 복합적인 패턴으로 진동시킨다.

마지막 단계로 소리는 내이에 이르게 된다. 내이는 중이의 가장 안쪽에 있는 뼈가 난원창(oval window)이라는 타원형의 얇은 막과 연결되어 있는데 이 막을 기준으로 안쪽을 말한다. 내이는 측두골 내부에 보호되어 있으며 미로와 같은 통로를 형상하는 부분으로 와우각(cochlea)이라고 불리는 나선 모양의 뼈 사이에 있는 일종의 관을 의미한다. 이 와우각은 달팽이 껍질 모양을 하고 있어 달팽이관이라고도 불린다. 이 부분은 소리를 듣는 데 매우 중요한 역할을 하는데 달팽이관은 외임파(perylynph)라는 액체로 채워져 있으며 그 가운데 외우관 혹은 중계(scala media)라는 부분이 있고 여기에는 내임파(endolymph)라는 액체가 들어 있다. 중이로부터 전해지는 진동이 내이의 액체를 진동시켜 소리를 전달하게 된다.

달팽이관은 기저막이라는 부드러운 막에 의해 전정계(scala vestibuli)와 고실계(scala tympani)로 나뉘어져 있으며 와우공(helicotrema)이라는 작은 구멍으로 통한다. 이 중 고실계는 원형창(round window)으로 연결되어 있으며 이 부분은 충격 완화 기능만을 담당한다. 이렇게 통과한 소리들은 신경계에 이르게 된다. 코르티기관은 유모세포(hair cell)라 불리는 특수한 뉴런 다발들로 이루어져 있다. 뉴런 다발들은 서로 다른 음파, 즉 달팽이관 입구에서는 고음부의 음들을, 나선의 끝에서는 저음부의 음들에 각각 민감하게 반응한다.

이러한 과정을 통해 음들은 뇌의 양 옆 측두엽(temporal lobe)에 위치한 1차 청각피질에서 멈춘다. 1차 청각피질은 저음에서 고음까지 각각의 진동수에 상응하는 길고 얇은 띠들이 지나고 있으며 어떤 단일 주파수의 소리가 귀에 다다르면 곧 그 주파의 피질 띠가 반응을 보인다. 어느 진동수의 음이든 큰 소리는 1차 피질에서 멈춘다. 우리의 두뇌는 소리들을 진동수대로 정리할 뿐만 아니라 강도와 지속기간의 대략적인 수준과 지속기간의 변화 수준에 따라서도 소리들을 분류하는 것으로 보인다. 그리고 2차 청각피질을 통해 더욱 복잡한 소리들을 지각하게 되는 것이다([그림 1-3] 참조).

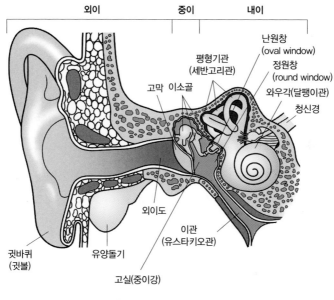

[그림 1-3] **청각기관**

2. 소리지각과 관련된 이론과 현상

"공기 중의 진동이 어떻게 소리로 인식되는 것이며 우리 주변에서 소리와 관련된 현상은 어떤 것들이 있을까?"

1) 소리지각과 관련된 이론

청각기관을 통해 도달한 진동을 소리로 지각하는 근거에 대해 지금까지 알려진 바로는 두 가지 이론이 있다. 첫째는 진동이 기저막의 어떤 부위에 자극이 가해졌는가에 따라 소리를 인식하는 '위치이론'과 둘째는 우리 귀가 소리 속에 있는 박동 주기를 느끼면서 소리를 인식한다는 '주기성이론'이다.

첫째, 위치이론에서는 기저막(basilar membrane)을 중요하게 고려하고 있다. 기저막은 인간이 소리를 듣는 데 결정적인 역할을 하는 것으로 와우각을 두 부분으로 나누고 있다. 이 이론은 헬름홀츠(Helmholtz, 1954)에 의해서 체계화되었는데 헬름홀츠는 기저막의 유모세포가 각각 반응하는 주파수 영역이 달라서 그 영역의 주파수가 들어오면 진동하여 그것을 뇌에 전달해 준다는 것이다. 즉, 기저막의 진동들이 해당 신경섬유를 자극하고 이 자극이 각각의 신경섬유들을 따라 뇌에 전달되면 뇌는 어떤 섬유가 전달해 주었는가에 따라 서로 다른 음으로 인식한다는 것이다.

이후 많은 학자에 의한 실험 결과 인간은 1,500가지의 음정을 구별할 수 있다는 사실을 발견하였다. 기저막의 유모세포는 바깥쪽에서부터 안쪽까지 나란히 분포되어 있는데 기저막의 각 부분에 반응을 보이는 주파수 영역이 달라서 우리로 하여금 음의 높이를 알 수 있도록 해 준다. 이때 낮은 주파수일수록 기저막 안쪽에, 높은 주파수일수록 기저막 바깥쪽에 위치하여 지각되고 있음을 알 수 있다. 따라서 기저막의 진동은 해당 신경섬유를 자극하고 이 신경섬유에 가해진 자극이 각각의 신경섬유들을 따라 뇌에 전달되면 뇌는 어떤 섬유가 전달해 주었는지에 따라 음높이를 알게 된다는 것이다([그림 1-4] 참조).

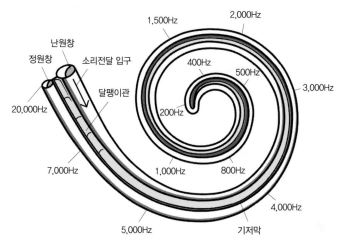

[그림 1-4] 기저막과 소리지각

둘째, '주기성이론'은 소리를 인식할 때 기저막이 중요하기는 하지만 전적으로 기저막에만 의존하여 음높이를 판단하는 것은 아니라는 것이다. 즉, 아주 짧은 소리의 경우 순간적으로 소리가 만들어 내는 기압의 변화는 고막을 치게 되고 이러한 짧은 박동이 계속될 경우 우리는 소리가 고막에 닿는 주기성을 감지하여 음높이를 지각한다는 것이다. 하지만 인간이 음고를 인식할 때는 한 가지 정보만을 이용하는 것이 아니고 음높이를 판단하는 위치정보(기저막에서의 위치)와 시간정보(박동빈도)를 모두 사용하여 인식하게 된다. 일반적으로 초당 100주기 이하에서는 주기를 통해 소리를 인식한다는 주기성이론이 우세하고 100주기가 넘으면 기저막의 위치에 따라 소리를 인식한다는 위치이론이 우세하다(이석원, 2003).

2) 소리지각과 관련된 현상

우리 주변에는 소리와 관련된 다양한 현상이 있다. 몇 가지를 살펴보면 다음과 같다.

(1) 도플러 효과(doppler effect)

우리는 간혹 옆에 지나가는 구급차의 사이렌 소리가 가까워지면 더 높은 소리로 들리고 멀어지면 낮은 소리로 들리는 경험을 했을 것이다. 같은 사이렌 소리인데도 가까워질수록 더 높은 소리로 들리는 것은 도플러 효과 때문이다. 도플러 효과는 1842년 오스트리아의 물리학자인 크리스티안 도플러(Christian Doppler)에 의해 처음 세상에 나온 것으로 소리는 전파되면서 그 강도가 기하급수적으로 감소하지만 주파수는 전파과정에서 변하지 않는다. 그러나 음원이나 듣는 사람이 이동하는 경우는 예외가 된다. 만약 이동으로 인해 음원과 듣는 사람 사이가 가까워진다면 주파수는 증가하고 멀리 떨어지면 주파수는 감소한다. 이로 인해 음원과 듣는 사람이 가까워지면 음정이 올라가는 것처럼 높은 음으로 들리고 멀어지면 음정이 떨어지는 것처럼 낮은 음으로 들린다. 이러한 현상을 도플러 효과라고 한다.

(2) 소리의 굴절(refraction of sound)

왜 밤에는 소리가 더 잘 들리는 것일까? 소리는 전파되는 과정에서 기온이나 밀도가 다른 지역을 통과하거나 바람이 부는 지역을 지나갈 때 휘는 현상이 발생하는데 이를 굴절이라고 한다. 굴절 현상은 밤에 소리가 잘 들리는 이유를 설명하는 원리가 될 수 있는데 소리의 속도는 기온과 관계가 있어서 기온이 다른 대기를 통과하면 소리는 굴절되기 때문이다. 즉, 해가 지고 저녁때가 되면 따뜻한 공기는 위로 올라가고 지면의 온도는 하강하게 되는데 소리는 찬 공기보다는 따뜻한 공기 속에서 더 빠르게 전달되기 때문에 지면을 향해 휘어지게 된다. 이로 인해 소리가 밤에 더 잘 들리게 되는 것이다([그림 1-5] 참조).

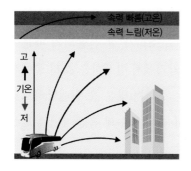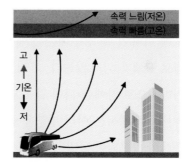

[그림 1-5] **소리의 굴절**

(3) 소리의 회절(diffraction of sound)

벽을 넘어서 사람이 보이지 않아도 소리는 들리는 경우가 있다. 소리는 빌딩 숲과 같은 장애물을 만나면 휘어지는 현상이 발생하는데 이를 회절이라고 한다. 이러한 회절은 주파수에 따라 크게 달라진다고 할 수 있다. 즉, 주파수가 넓을수록 소리는 옆으로 분산되기 때문에 고속도로 소음을 차단하기 위해 차음벽을 설치하면 높은 주파수(높은 음)의 소리는 어느 정도 막아 주지만 낮은 주파수(낮은 음)의 소리에는 효과가 크다고 할 수 없다. 만약 소리가 회절하지 않는다면 우리는 직접 대면하지 않은 사람과는 대화를 나눌 수 없을 것이다. 트럼펫 같은 관악기 끝에서 발산되는 소리, 왼쪽 귀가 오른쪽 음원에서 나는 소리를 들을 수 있는 것 역시 모두 회절로 인한 현상이다.

　이러한 회절 현상은 연주회에서 음악을 들을 때 영향을 미치기도 한다. 어떤 기둥이나 사람이 악기와 청중 사이를 가로 막고 있을 경우 장애물의 크기와 연주되는 파장의 상대적 비율에 따라 영향을 받는 정도가 달라진다. 즉, 연주되는 음이 높아 장애물 크기에 비해 파장이 짧을 경우에는 회절이 잘 일어나지 않아 소리 그늘을 만들어 직접 전달되는 소리를 차단한다. 반면, 연주되는 음의 파장이 장애물에 비하여 클 경우에는 장애물 뒤로 소리가 잘 전달되기 때문에 별로 장애가 되지 않는다. 그러므로 악기에서 발생하는 소리 중에서 일반적으로 장애물 뒤에 잘 도달하는 소리는 낮은 음에 해당하므로 장애물 뒤에서는 여러 부분음 중에서 높은 차수의 음들이 소실되어 음색이 변형되어 들릴 수 있다(구자현, 2018).

(4) 맥놀이(beat)

　과거에 제작된 종소리를 들어보면 소리가 커졌다 작아졌다 하면서 특유의 '윙윙' 소리가 난다. 즉, 진동수가 비슷한 2개의 소리가 만나면 소리가 서로 합쳐질 수도 있고 혹은 상쇄될 수도 있는데 이러한 현상을 간섭(interference)이라고 한다. 이때 소리가 서로 합쳐져 이론적으로 진폭이 배가 되는 소리를 만들어 낼 때를 보강간섭(constructive interference)이라고 하고 소리가 상쇄되어 없어질 때를 상쇄간섭(destructive interference)이라고 한다. 이러한 상호 간섭 현상은 맥놀이(beat)를 만들어 내는데 맥놀이는 진동수가 거의 비슷한 두 개의 소리가 중첩되어 규칙적으로 소리의 크기가 커졌다 작아졌다를 반복하는 현상을 말한다. 맥놀이는 악기를 조율할 때 활용하기도 하는데 잘 조율된 악기소리는 맥놀이가 들리지 않는다.

(5) 마스킹 효과(masking effect)

마스킹 효과는 어떤 소리가 다른 소리를 들을 수 있는 능력을 감소시키는 것을 말하는데 내이나 신경계에서 하나의 음에 의해 다른 음이 생리적으로 억제되는 현상을 말한다. 예를 들면, 작업장에서 음악을 들려주면 주위의 소음을 인식하지 못한다거나 큰 음과 작은 음이 동시에 울리면 큰 음은 인식하지만 작은 음은 인식하지 못하는 현상을 말한다. 이러한 현상을 활용하여 주변 소음으로 인해 집중이 어려울 경우 음악을 틀어 놓고 학습을 한다거나 비행기의 경우 백색소음을 틀어 밀폐된 공간에서 사람들의 이야기 소리를 중화시키기도 한다. 즉, 이 현상을 활용하면 우리 주변에서 원치 않는 소음들을 덮는 소리를 발생시킴으로써 집중을 유지할 수 있다(김정훈 외, 2019).

(6) 칵테일 파티 효과(cocktail party effect)

칵테일 파티 효과는 1953년 콜린 체리(Colin Cherry)에 의해 명명된 것으로 인간은 자신이 원하는 소리를 들을 수 있는 능력이 있는데 이는 마치 여러 가지 시끄러운 잡음이 섞인 칵테일 파티에서도 자신의 이름이 불리는 소리는 확실하게 들을 수 있는 것과 같다고 하여 이름 붙여진 것이다. 즉, 우리 뇌는 온갖 소음 속에서도 듣고자 하는 부분을 명확하게 골라내 알아들을 수 있는 능력이 있다는 것이다. 예를 들면, 시끄러운 소음이 가득한 곳에서도 자신과 관계되는 이야기나 좋아하는 소리, 특이한 소리에 사람이 집중하게 되는 심리적인 현상을 말한다.

이 효과를 발생시키는 심리적인 요인 중 하나는 인간은 자신과 관계되는 내용의 소리에 집중한다는 것이다. 예를 들면, 매장 안에서

할인행사 등 이벤트에 관심이 있다면 그 소리가 잘 들린다는 것이다. 또 다른 심리적인 요인은 인간은 자신이 좋아하는 소리에 집중한다는 것이다. 즉, 자신이 좋아하는 음악소리나 목소리 등은 더욱 잘 듣게 된다. 마지막 심리적인 요인은 인간은 평소 듣지 못한 음색에 집중하게 된다는 것인데, 예를 들면 일상에서 듣지 못했던 음성 변조 등과 같은 소리가 들리면 더 잘 들리게 된다는 것이다(김현득, 2010).

(7) 귀벌레 현상(earworm)

우리는 종종 아침에 들은 멜로디가 우리 머릿속 깊이 파고 들어와 어느 지점에 도달할 때까지 저절로 재생되고 가끔은 끝난 후에도 몇 시간, 며칠, 심지어는 몇 주 동안 반복하면서 재생되기도 한다. 조금만 노력하면 다른 곡조로 바꿀 수도 있지만 다시 새로운 곡조가 머릿속에서 반복적으로 재생되기도 한다(Deutsch, 2019/2023). 국내에서 수학능력평가 시기가 되면 '수능 금지곡'이라고 불리는 곡들이 있다. 즉, 이러한 노래를 들으면 하루 종일 머릿속에서 그 곡조가 맴돌아서 수능에 방해가 된다는 것이다.

대다수의 사람이 경험한 이러한 반복적인 곡조를 귀벌레(earworm) 현상이라고 한다. 이러한 귀벌레 현상을 연구하는 것은 쉬운 일이 아니지만 뇌과학자들은 귀벌레 현상이 일어나는 음악의 일반적인 특징을 설명하였다. 첫째, 귀벌레는 노래 전체가 아닌 30초 내의 짧은 토막이며, 둘째, 멜로디는 대개 구조가 매우 단순하고, 셋째, 악구나 가사가 반복된다는 것이다. 귀벌레는 이완된 주의 집중 상황, 예를 들면 청소, 자전거 타기 등의 생각할 필요가 거의 없는 상황에서 잘 출현한다. 이럴 때 생각은 자유롭게 흘러가고 창조적인 아이디어에

도달하지만 내면의 음악 플레이어가 작동하는 경우도 또한 흔하게 나타난다(Drosser, 2009/2015).

크래머 등(Kraemer et al., 2005)은 인기 있는 노래를 듣는 동안 기능적 자기공명영상(functional Magnetic Resonance Imaging: fMRI)[1]을 이용하여 신경 활동을 관찰하였는데 먼저 친숙도를 알아보고 애니메이션 주제곡, 가사가 있는 음악과 가사가 없는 음악 등 인기 있는 음악을 들려주었다. 음원 중간에 2~5초 동안 소리를 제거하고 무음으로 대체하였다. 그리고 무음 구간의 뇌 활동을 관찰한 결과, 친숙한 음악을 들을 때 청각피질과 연합피질이 더 활성화됨을 관찰하였다. 즉, 무음 구간에서도 친숙한 음악을 들을 경우에는 계속 들리는 경향이 있음을 알 수 있었다. 이러한 이유에 대해 현대인들은 음악에 매일 지속적으로 노출되어 있으며 이러한 노출이 우리의 음악처리 시스템을 민감하게 만들어 청각 자극의 입력이 없이도 자발적으로 작동하게 한다는 가설이 있다. 이러한 귀벌레 현상은 상품의 이미지를 강렬하게 남겨야 하는 광고 등에서는 긍정적일 수 있지만 역설적으로 이러한 배경음악이 난무하는 것에 부정적인 정서를 보이기도 한다. 또한 귀벌레 현상은 영화 속에서 스토리를 따라가는 데 효과적인 장치로 사용되기도 한다. 이러한 귀벌레 현상에 대해 음악의 일부 특징들과 뇌의 기능으로 이해할 수도 있지만 여전히 왜 이런 현상이 일어나는가에 대해서는 연구가 진행 중이다.

---

1) 기능적 자기공명영상(fMRI)은 혈류와 관련된 변화를 감지하여 뇌 활동을 측정하는 기술로 뇌의 어떤 부위가 사용될 때 그 영역으로 가는 혈류의 양도 따라서 증가한다는 사실을 이용하여 뇌의 어떤 부위가 활성화되었는가를 측정하는 기술이다.

제2장

소리에서 음악으로

―――――

우리는 음악을 들으며 하루를 시작한다. 기상을 알리는 알람소리를 시작으로 방송에서 들려오는 음악소리, 출근길에 듣는 좋아하는 노래까지, 우리는 어떤 소리들을 음악으로 인식하는 것일까? 그리고 음악은 언제부터 시작되었을까? 이 장에서는 소리를 음악으로 지각하는 것과 관련된 내용을 소개할 것이다.

1. 음악요소의 지각

"멜로디, 리듬, 화성은 어떻게 들을 수 있는 것일까?"

1) 음고(pitch: 음정)의 지각

음고는 소리의 높낮이를 말한다. 미국표준협회(American National Standards Institution, 1960)는 음고를 소리의 높낮이 척도 속에서 어떤 높이에 해당하는지에 대한 청각적 감각적 특성이라고 정의한다(이석원, 2003에서 재인용). 음고에 대한 느낌은 항상 주관적이기 때문에 두 사람이 같은 소리를 들어도 다르게 느껴질 수도 있으며 음의 세기에 따라서도, 지속시간에 따라서도 음고를 다르게 느낄 수 있다. 따라서 일반적인 사람들이 느끼는 음높이를 바탕으로 보편적인 기준을 만드는 것이 어렵기 때문에 주관적인 기준을 사용하게 되었는데 이를 멜(mel)이라고 한다. 즉, 멜값이 2배가 될 경우 그 지점이 인간이 음고를 2배로 느끼는 지점이 되는 것이다.

한편, 우리는 두 음의 높이가 다르다고 느끼는 지점이 있는데 이때 최소한의 차이를 JND(Just Noticeable Difference)라고 한다. JND는 심리적인 식역(threshold)[1]이며 JND 간격이 좁다는 것은 그만큼 작은 음의 차이도 민감하게 구별할 수 있다는 것이다. 따라서 JND의 폭이 좁은 사람은 귀가 예민한 사람이라고 할 수 있다. 일반적으로 60데시벨의 소리 크기를 가진 경우, 62Hz 주파수 영역에서는 그 주파수

---

1) 식역은 감각기관에 주어지는 물리적 자극을 감지할 수 있는 최소한의 양을 의미한다.

의 4% 정도 차이가 나면 감지될 수 있고 250Hz 정도의 주파수 영역에서는 그 주파수의 1% 정도의 차이가 나면 감지될 수 있다. 하지만 400Hz 이상에서는 0.25%의 차이가 날 때 차이를 알 수 있다. 즉, 큰 소리에 대해서는 더 좁은 JND를 갖게 되며 따라서 큰 소리의 경우 소리 높이 식별이 더 수월하다는 점을 반영한다([그림 2-1] 참조).

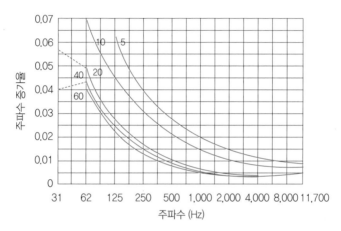

[그림 2-1] **주파수 영역에 따른 음고 식별의 민감도**

출처: 이석원(2003), p. 153.

이러한 음고를 다르게 지각하는 데에는 여러 가지 원인이 있다. 첫째, 주파수의 변화가 있다. 낮은 주파수의 음은 낮은 음고로 높은 주파수의 음은 높은 음고로 지각된다. 하지만 주파수의 변화가 음고를 다르게 느끼게 하는 유일한 원인은 아니다. 음고를 다르게 느끼는 또 다른 요인으로 소리의 세기가 있다. 예를 들면, 낮은 음역에서는 소리가 강해질수록 더 낮게 들리고 높은 음역에서는 소리가 강해질수록 더 높게 들릴 수 있다는 것이다. 이러한 현상은 낮은 음역에서는 150Hz에서, 높은 음역에서는 8,000Hz에서 가장 심하게 나타나며 중간 음역에서는 심하게 나타나지 않는다. 이러한 세기에 따라서 음고가 다르게 지각되는 현상은 음악 연주에서도 피아노 같이 주파수가 고정되어 있는 악기를 연주할 경우 고음을 크게 연주하면 더욱 높게 들리고 저음을 크게 연주하면 더 낮게 들릴 수도 있다.

둘째, 소리의 지속시간 역시 음고지각에 영향을 미치게 된다. 보통 인간은 3ms(밀리세컨드)[2] 정도면 음고를 인식하기 위해 충분한 시간이라고 한다. 보통 주파수가 불확실할수록 음고를 인식하기에 더욱 긴 시간이 필요한데 이는 음의 지속시간이 짧을수록 주파수의 불확실성이 높아지기 때문이다. 많은 연구를 통해 보통 25ms보다 짧으면 음고는 변화하는 것으로 들릴 수 있다고 한다. 기타 음고에 영향을 미치는 요인으로는 엔벨로프가 있다. 엔벨로프는 소리가 시작해서 끝나기까지의 진폭 변화 곡선을 말하는데 엔벨로프의 음압과 상승, 하강 곡선에 따라 음고가 다르게 느껴진다고 한다.

2) 멜로디(melody)의 지각

멜로디는 시간에 따른 음정들의 움직임으로 공간에서 형태를 만드는 특정 관계들을 의미하며 몇 가지 방법으로 움직임을 전달한다. 첫째, 시간에 따라 다양한 음길이를 갖는 음들을 연속적으로 배치하는 것이며 이것은 그 자체로 움직임이 된다(Maconie, 1997). 음은 그 자체로 움직임으로 인지되는데 그 이유는 음정들의 시간 척도는 의식적인 이해의 시간 척도보다 몇 자리 수 더 정교하기(finer) 때문이다. 이것이 음악이 역설적으로 즉시성과 연속성 모두로 인지될 수

---

2) 밀리세컨드(ms)는 1/1,000초를 말한다.

있는 이유이다. 이것은 음의 지각이 다음 음보다 약간 시차가 있기 때문에 발생하며 앞으로 가는 것 같은 움직임을 만들어 낸다.

둘째, 멜로디는 공간에서 모양을 형성하는데 음정 관계의 지각으로부터 분리되어 위, 아래의 움직임의 패턴을 만드는데 이를 멜로디 윤곽(melodic contour)이라고 한다. 즉, 멜로디에서 각 음들은 기억 안에 저장되어 있는 공간적인 윤곽을 따라 움직인다. 멜로디 윤곽은 멜로디 지각에 있어서 핵심이 되는데 멜로디 윤곽은 '연속적인 곡선의 불연속적인 표현'이라고 한다(Maconie, 1997). 멜로디는 이전의 기억에 저장되거나 혹은 현재 나타나는 멜로디 형태와 불연속적인 음들을 비교함으로써 지각된다. 멜로디 지각은 이러한 음들을 윤곽으로 그룹핑하기 위한 문화적 관습에 의해 훈련된다. 각 문화에서는 자신만의 멜로디 윤곽을 창조하는 시스템이 발달하며 이것이 작곡 혹은 노래 만들기에서 규칙으로 형성될 수 있다(Blacking, 1973)

셋째, 멜로디는 다양한 음 사이의 관계를 가지고 있는데 이 관계가 음정(interval)이다. 예를 들어, 한 음이 연주되고 두 번째 음이 2배 높게 연주되면 이 관계는 옥타브가 되며 음정관계 비율은 1:2가 된다. 즉, 한 음이 100Hz이면 옥타브의 음은 200Hz가 되어 두 번째 음이 첫 번째 음보다 2배 빠르게 움직인다고 할 수 있다. 이러한 음정관계는 움직임과 역동적인 관계를 지각하게 한다. 멜로디는 이러한 관계들이 긴장과 이완, 기대와 놀람을 만들면서 이러한 것들을 활용하는 음악적 상태인 것이다(Rothstein, 1995).

한편, 우리는 여러 가지 화음으로 진행되는 반주에서도 멜로디를 구분해 낼 수 있는데 이러한 이유는 우리의 청각계가 다음의 네 가지 기술을 사용하여 멜로디를 구분해 내기 때문이다(Ellis, 1938). 첫째, 유사성이다. 이는 서로 멜로디가 유사한 요소들끼리 연관 짓는 경향을 말한다. [그림 2-2]의 (a)처럼 검은 원끼리 함께 그룹화하고 흰 원끼리 따로 그룹화하여 지각하는 것이다. 많은 경우 멜로디를 담당하는 악기는 독특한 음색을 가지고 있는데 우리는 유사한 음색의 소리들을 묶어서 처리하는데 이것이 멜로디를 구분하는 데 도움이 되기 때문이다.

둘째, 근접성이다. 이는 멀리 있는 음들보다 가까이 있는 음들끼리 연관 짓는 경향을 말한다. [그림 2-2]의 (b)처럼 떨어져 있는 점들보다 가까이 있는 점들끼리 그룹을 만들어 지각하는 것이다. 근접성이 멜로디를 구분하는 데 도움을 주는 방식은 시간의 근접성과 음높이의 근접성이 있다. 시간의 근접성은 멜로디의 음들은 연속적으로 이어지며 음들이 꼬리에 꼬리를 물고 이어지므로 각각의 음이 연쇄적인 것의 일부임을 알아볼 수 있다. 또한 음높이의 근접성은 멜로디의 대부분의 시간 동안 순차적인 음들로 이어지는 작은 음높이 보폭만을 사용한다.

셋째, 연속성이다. 이는 같은 방향으로 매끄럽게 따라가는 요소들끼리 연관 짓는 경향을 말한다. [그림 2-2]의 (c)처럼 A-B, C-D가 선으로 연결된 것처럼 지각하게 되는 것이다. 멜로디는 항상 어디론가 진행 중이다. 가장 높은 지점으로 올라가거나 가장 낮은 지점으로 내려가며 그 과정에서 방향을 바꾼다. 많은 경우 우리는 다음 음이 어떻게 될지 추측할 수 있고 정확한 음은 몰라도 어떤 음이 전혀 예상 밖의 음인지를 확실하게 구분할 수 있다.

넷째, 폐쇄성이다. 이는 하나의 집합체를 구성하는 분리된 요소들을 완전한 하나의 단위로 지각하는 경향을 말한다. [그림 2-2]의 (d)처럼 두 개의 분리된 곡선으로 지각하는 것이 아닌 두 개의 틈이 있는 하나의 원으로 지각하는 것이다. 멜로디와 반주악기가 비슷한 음색으로 연주된다면 이럴 경우 멜로디를 구분하는 것은 쉽지 않다. 이런 경우 멜로디를 구분하는 방법은 멜로디의 음높이를 반주보다 높게 만드는 것이다. 하지만 이렇게 계속 진행하면 지루해지고 결국 멜로디와 화음이 같은 음역으로 내려오는 경우가 있는데 이럴 경우 공통운명 파악을 통해 멜로디를 구분할 수 있다. 이런 범주화 기술을 통해 우리 뇌는 반주에서 멜로디를 구분할 수 있게 된다.

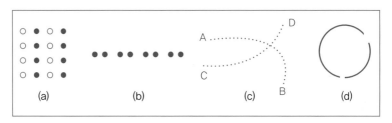

[그림 2-2] 멜로디지각의 규칙

출처. Deutsch (2019/2023), p. 101.

3) 리듬(rhythm)의 지각

리듬은 시간에 대한 것이며 시간에 따른 음들의 관계이다. 리듬은 연속적인 순서이지만 빛이나 소리처럼 시간을 지각하기 위한 특정 센서는 없다. 요르단(Jourdan, 1997)은 리듬을 감지하기 위한 것은 없으며 오히려 시간에 대한 심리적인 경험은 그 자체가 세상과의 관계를 지각하는 신경시스템으로부터 발생한다고 한다. 또한 심리적인 시간은 소유하고 있는 경험의 경험이라고 하였다. 즉, 시간이 지나가는 것을 지각하는 것은 우리 마음이며, 추상적인 관계의 형태는 오랜 시간 동안 유지되고 있고 이것이 일종의 시간적인 지도를 만든다는 것이다. 그러므로 지각되는 리듬이 무엇인가를 기본으로 우리는 예측할 수 있을 때 다음에 무엇이 올 것인가에 대해 기대를 할 수 있다(Fraisse, 1982). 사실, 리듬지각은 시간에서 발생하는 것이며 의식 이하에서 발생하는 과정이다(Wallin, 1991).

시간은 음악과 음악경험에 있어서 매우 본질적인 것으로 음악의 각 부분은 시간적인 조직화에 따른 행동이며 조성으로 흐르는 것이 음악이 된다. 또한 음악은 침묵으로 출현하고 침묵으로 돌아간다(Wallin, 1991). 즉, 소리를 음악이 되게 하는 것이 리듬이며(Merker, 2000), 태고 때부터 음악적 요소가 되며 오랜 뿌리를 가진 원시적인 것 역시 리듬이다(Hughes, 1948). 이처럼 리듬은 문화를 넘어서는 현상이며 모든 음악에 있는 보편적인 특성이기도 하다(Bunt, 1994).

한편, 리듬이라는 말은 그리스어 Rhythmos에서 유래되었는데 이것은 '흘러가는(to flow)'이라는 의미이며 음악적 타이밍의 모든 측면을 의미한다(Mankin et al., 1979). 여기서 음악적 타이밍이란 음들의 지속시간, 비트, 박자, 템포 그리고 리듬패턴 모두를 포함한다. 음악적 타이밍의 첫 번째 요소는 지속시간(duration)이다. 지속시간이라는 말은 라틴어 durare에서 유래된 것으로 '지속하는 것(to last)'이라는 의미이며 하나의 음이 실제로 얼마나 소리를 내는가에 대한 것이다. 모든 음정을 들을 때 최소한 0.013초 동안 유지되어야 인식될 수 있다. 음악적 기호로 지속시간은 4분음표, 8분음표 등으로 표기된다.

음악적 타이밍의 두 번째 요소는 박자인데 이것은 비트를 그룹화하는 것이다. 왈츠를 생각해 보면 분명하게 3으로 나뉨을 느낄 수 있다. 우리의 두뇌는 개별적인 소리와 침묵(silence) 사이의 길이를 측정하며 이러한 시간들 사이의 유형들을 파악하여 박자로 인식한다. 각 박자의 시작은 악센트를 갖는데 때로는 음악에서 강세가 없는 박에 강세를 두는 당김음을 사용하기도 한다. 음악적 타이밍의 세 번째 요소는 템포인데, 템포는 음악 흐름의 속도를 의미하며 리듬과

밀접한 관련이 있다. 음악의 음들이 특정한 속도 이상으로 연주되기 시작하면 개별적인 음들로 들리는 것이 아닌 하나의 구조로 느껴지게 된다. 음악적 타이밍의 네 번째 요소는 리듬패턴인데, 이는 다양한 지속시간을 결합한 것이다. 이처럼 리듬은 시간에 따라 움직임으로써 역동성을 갖는다.

리듬은 흔히 음악에서 가장 자연스러운 속성, 즉 우리 몸의 맥박에서 비롯된 것이라고 한다. 리듬은 음악적 형상에 윤곽선을 그려주는 것으로, 따라서 리듬이 없으면 음악이 존재할 수 없다. 즉, 리듬은 두뇌가 음악적 형상을 쉽게 이해할 수 있도록 도와주는 것이라고 할 수 있다. 청각시스템은 우리가 음악을 쉽게 인지할 수 있도록 알맞은 크기로 잘라 주는데 이것을 도막 내기(chunking)라고 한다. 도막 내기는 종종 계층적이어서 작은 도막들은 어느 정도 바로 이해할 수 있지만 아주 큰 도막들은 길게 연속된 결과들이 완성될 때까지는 하나로 묶이지 않는다. 이는 우리가 언어를 인지하는 현상과 유사하다고 할 수 있다. 즉, 우리 두뇌는 단어를 들을 때 그들을 개별적으로 파악하기는 하지만 아직 전체 문장의 의미를 파악하는 것은 아니다. 이와 비슷한 이해체계가 복잡한 음악을 들을 때에도 적용된다고 할 수 있다.

4) 화성(harmony)의 지각

화성은 멜로디와 관련이 있으며 음정이 동시에 울릴 때를 말한다. 즉, 멜로디가 수평적인 관계라면 화성은 수직적인 관계로 이러한 화성은 음악에 깊이를 더해 주며 음악을 더욱 아름답게 한다. 서양의 초기 음악에서 화성은 저음부에 있었는데 저음부는 멜로디가 연주되는 동안 계속적으로 소리를 낸다. 예를 들면, 백파이프와 인디안 북 같은 악기들이 멜로디에 대하여 기본적인 음악을 저음부에서 계속 연주하는 것이다.

화성과 관련되어 협화음과 불협화음의 개념을 생각할 수 있다. 이때 협화음을 '잘 어울리는 화음'으로 정의할 것인지 혹은 '잘 어울리게 들리는 화음'으로 정의할 것인지에 따라 달라질 수 있다. 만약 협화음을 '잘 어울리는 화음'으로 정의한다면 전통적인 방식은 두 음 사이의 주파수비로 설명할 수 있다. 즉, 서양음악에서는 주파수비에 따라 협화음을 정의할 수 있는데 완전8도(1:2), 완전5도(2:3), 완전4도(3:4) 등이다. 그러나 협화음을 '잘 어울리게 들리는 화음'으로 정의한다면 이는 심리적 속성을 고려해 볼 수 있다.

한편, 우리가 왜 불협화음으로 지각하는가에 대해서는 세 가지 다른 원인을 제시하고 있다. 첫째, 신경학적 원인, 둘째, 음향학적 원인, 셋째, 음악론에 근거를 두고 있다. 첫째, 신경학적 원인에 대한 근거는 내이, 즉 달팽이관에 초점을 맞추고 있다. 달팽이관의 기저막은 특정한 진동수와 관련된 부분에서 가장 많이 변형되고 신경세포들도 가장 활발하게 반응한다. 이러한 활성화 범위를 소리에 대한 임계진동수대(critical band)라고 한다. 이때 두 소리의 임계진동수가 겹치면 불협화음이 만들어진다고 한다. 이러한 이유는 달팽이관을 따라 위치상 가까이 있는 두 소리는 서로의 감지를 방해하기 때문이다([그림 2-3] 참조).

그러나 헬름홀츠(Helmholltz)가 주장한 방해이론에 의하면 두 음이 옥타브 간격일 경우 문제가 되지 않는다고 한다. 그 이유는 기본 진동수가 f인 낮은 음은 배음으로 2f, 3f 등이 되어 마찰이 전혀 발생하지 않기 때문이다. 즉, 진동수가 100Hz일 경우 200Hz, 300Hz 등

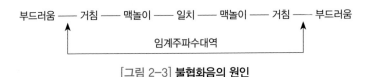

[그림 2-3] **불협화음의 원인**

의 음들은 배음으로 들리기 때문에 불협화음으로 들리지 않는다. 또한 두 음의 진동수가 p:q이면 첫째 음의 q부분음과 둘째음의 p부분음이 일치하게 되고 첫째음의 제2q와 둘째음의 제2p가 일치하게 된다. 예를 들면, 5도음의 진동수는 기본 진동수의 3/2 인데 이 진동수의 정수배들은 기본음의 제3부분음의 진동수의 정수배와 일치한다. 따라서 기본음과 5도 사이는 마찰이 심하지 않다(예를 들어, 기본음이 100Hz의 경우 5도 위의 음은 150Hz가 되며 이때 기본음의 3배음은 300Hz가 된다. 따라서 150Hz와 300Hz의 정수비는 1:2가 되어 마찰이 심하지 않게 들린다).

하지만 최근에 이 방해이론에 대해서도 반론이 제기되고 있다. 첫째, 이러한 방해이론은 배음이 풍부한 소리에만 적용된다는 것이다. 그리고 이 이론이 맞다면 순음[3] 사이에는 항상 협화음으로 들려야 하지만 사실은 그렇지 않다. 또한 방해이론의 가정은 정확한 비율에 따라 음이 조정되어야 하는데 현대의 악기들은 그렇지 않다는 것이다. 따라서 우리는 부정확한 협화음의 경우에 약간의 마찰이 있어도 그대로 협화음으로 인식하게 된다.

둘째, 음향학전 원인의 근거는 불협화음의 원인을 '윙 하는 소리 내기(beating)'라는 현상에 초점을 맞추고 있다. 예를 들어, 1초에

---

3) 순음이란 단일 주파수의 소리로 음색의 특징이 없고 음의 높이도 일정한 이론상의 소리를 말한다.

100번 진동하는 주기를 가진 소리와 1초에 102번 진동하는 주기를 가진 소리가 결합될 때 최대 강도의 순간은 일치하지 않는다. 그러나 규칙적인 음정에서는 이 두 소리의 최고점이 1초에 두 번씩 일치하게 된다. 그때 두 소리의 힘이 합쳐져 고막을 세게 두들기게 되면 순간적으로 강한 소리 '윙' 하는 소리가 각각 1초에 약 20번까지 들리게 된다. 즉, 높은 진동수에서는 일종의 청각 마찰로 귀에 거슬리는 소리가 발생하게 된다.

셋째, 음악론의 관점에서 불협화음의 원인을 음들 사이의 화성적 관계에 초점을 맞추고 있다. 즉, 구조상의 문제이다. 어떤 코드든 잘 어울리는 협화음을 가진 제한된 수의 다른 코드로만 이동할 수 있으며 그렇지 않은 조합들은 모두 귀에 거슬리는 불협화음이 된다는 것이다. 예를 들면, 음계의 첫 번째, 네 번째, 다섯 번째 음으로 만들어진 코드 사이에는 이동이 쉽지만 다른 음들로 만들어진 화음은 좀 더 조심스럽게 접근해야 한다. 궁극적으로 불협화음은 소음, 무질서, 무관계한 상태로 정의되지만 음악에서는 협화음과 불협화음의 조화로 인해 긴장감과 해소 등 음악적인 풍성함을 줄 수 있다.

우리의 두뇌는 개별적인 소리들은 비교적 잘 인식한다. 그러나 음악적인 화성을 인식하는 것은 개인마다 차이가 있다. 화성에 대한 민감성은 음들 간의 거리, 즉 음정을 정확하게 인지하고 기억하는 능력과 관계가 있는데 인간은 음고 영역의 간격을 분류함으로써 이를 수행할 수 있다. 각각의 진동수를 서구 음계의 12음 중 하나와 정렬하여 분류하듯 음들 간의 다양한 간격을 특정한 음정들로 분류한다. 이러한 측정은 음고 영역의 출발점에 따라 상대적이기 때문에 이와 같은 방식으로 음을 지각하는 능력을 상대음감(relative pitch)이라고 부른다. 반면, 기준음 없이 소리를 구별해 낼 수 있는 능력을 절대음감(absolute pitch)이라고 한다.

5) 음색(timbre)의 지각

음색은 1960년 미국표준협회에 의하면 '음량과 음고에 있어서는 똑같은 두 개의 소리를 듣는 사람이 다르다고 구별할 수 있게 하는 청감각의 속성'이라고 한다. 또한 '음색은 음고, 음량, 음가와는 다른 판단 기준을 사용하여 두 소리가 다르다고 판단하는 청각 감각 속성'이라고 할 수 있다(이석원, 2003에서 재인용). 음색은 측정 기준이 여러 가지이기 때문에 한마디로 정의하는 것은 쉽지 않다. 즉, 소리의 속성 중 음색은 유일하게 본질적으로 다차원적(multi dimensional)이라고 할 수 있다.

이러한 음색에 영향을 미치는 요인은 합성음의 분포에서 어떤 부분음들의 비중이 높은가에 대한 배음 분포이다. 합성음은 한 가지 주파수로 되어 있는 것이 아닌 여러 가지 주파수가 섞여 있는 소리이며 대부분의 음악소리는 합성음이라고 할 수 있다. 이때 합성음의 구성 성분이 되는 음들을 부분음(partial tones)이라고 하며 이중 가장 기본이 되는 낮은 부분음을 기음(fundamental)이라고 한다. 부분음과 배음, 오버톤의 관계는 〈표 2-1〉과 같다.

〈표 2-1〉 **부분음, 배음,오버톤의 관계**

부분음(partial)	배음(harmonics)	오버톤(overtone)
100Hz 제1부분음	기음	기음
200Hz 제2부분음	2배음	제1오버톤
300Hz 제3부분음	3배음	제2오버톤
400Hz 제4부분음	4배음	제3오버톤

일반적으로 배음이 별로 없는 소리들은 부드럽고 유쾌하게 들리며 6배음까지 어느 정도 음량을 가진 소리(피아노, 호른, 목소리 등)는 배음이 별로 없는 소리에 비해 더 풍성하며 더 음악적으로 들린다. 예를 들어, 클라리넷같이 홀수 배음을 가진 소리는 공허하게 들리며 배음이 많아지면 비음으로 들리는 경향이 있고 6~7배음 이상의 배음이 세면 거칠고 예리한 소리로 들리게 된다.

이러한 배음들의 파형에 따라 음색이 달라지며 이 외에도 포만트에 따라 음색이 다르게 인식될 수 있다. 즉, 같은 파형의 음이라면 스펙트럼은 같겠지만 기음의 음고에 따라 각 배음들의 주파수는 크게 달라질 것이다. 특정 배음 대신에 특정 주파수 영역에서 배음들의 진폭이 커져 악기의 특색을 특징짓는 요인이 있는데 이를 악기의 포만트 영역(formant region)이라고 한다. 또한 악기의 첫소리(initial transient)와 끝부분(decay transient)의 진폭변화 곡선, 즉 엔벨로프 역시 악기의 음색을 구별하는 요인이 될 수 있다.

2. 음악지각과 관련된 신경학적 현상

"음악과 관련된 심리적인 현상은 무엇이 있을까?"

음악을 지각하는 데 있어 관여되는 몇 가지 현상 중 멜로디인식과 관련된 공명 현상(resonance), 리듬인식과 관련된 동조화 현상(entrainment)이 있다.

1) 공명 현상

공명은 한 개의 진동체로부터 다른 진동체로의 에너지 전달 현상으로 설명될 수 있다. 즉, 넓은 의미로 하나의 진동이 다른 곳에 영향을 주는 것을 의미한다. 또한 공명은 '다시 소리 내기(re-sound)'라고 하는데, 이는 어떤 물체의 움직임이 다른 물체의 움직임을 변화시키기 때문이다. 예를 들면, 하나의 바이올린의 개방현을 진동시키면 진동시키지 않은 바이올린의 현이 유사한 진동을 보이는데 이는 공명이라고 할 수 있다. 공명은 물리적인 현상이지만 또한 사람의 감정 전달로 설명될 수 있다. 예를 들어, 기쁜 분위기의 노래는 사람에게 심리적으로 공명되어 유사한 기쁜 분위기를 느낄 수 있게 한다.

한편, 물리적으로 공명하는 물체는 두 가지 형태로 구분할 수 있다. 즉, 공명막대 같이 스스로 자연적인 주파수를 갖는 물체와 다양한 주파수를 갖는 물체로 구분할 수 있는데 후자를 강제공명(forced resonance)이라고 할 수 있다. 우리가 음악을 들을 때 우리 고막에서는 이러한 강제공명 현상이 이루어지게 된다.

과학자이며 행동기술자인 앳워터(Atwater)는 공명과 관련되어 세 가지 기본 법칙을 설명하였다(Leeds, 2010). 첫째, 공명 법칙(resonance rule)이다. 한 시스템이 다른 시스템으로 공명이 이루어지기 위해서는 두 번째 시스템이 동일한 진동수에 도달할 수 있어야 한다. 둘째, 힘의 법칙(power rule)이다. 공명이 이루어지기 위해서는 반드시 두 번째 공명이 일어날 수 있을 만큼의 힘이 필요하다. 따라서 두 대상이 너무 멀리 있다면 힘이 약해질 수 밖에 없다. 셋째, 일관성의 법칙(consistency rule)이다. 공명이 이루어지기 위해서는 첫 번째 발생하는 것과 동일한 주파수와 진폭을 유지할 수 있어야 한다.

2) 동조화 현상

동조화 현상은 리듬과 관련된 것으로 어원은 기차 같은 운송수단이라는 의미를 가지고 있다. 즉, 동조화는 물리학적 관점에서는 두 시스템에 서로 주기나 주파수를 맞추어 움직이는 것으로, 생물학적인 관점에서는 심작박동, 호흡 등이 외부 자극이나 환경 요소에 따라 맞추어 움직이는 것으로, 음악적 관점에서는 리듬이나 박자에 맞추어 박수를 치거나 움직임을 조절하는 것으로 설명될 수 있다.

이 중 음악에 대한 동조화는 음악이 외부자극으로서 신체 움직임에 어떤 영향을 미치는가에 대한 결과물로 신체의 움직임과 타이밍이 어떻게 리듬에 맞추어 변화하는가를 설명하는 원리가 된다(김수지, 2022). 이러한 동조화 현상은 일상에서도 쉽게 관찰될 수 있는데 외부에 음악이 들리면 박자에 발걸음을 맞춘다거나 두 사람이 함께 걸을 때 일정 속도를 맞추어 함께 걸어가는 것과 같은 경우이다. 이러한 음악적인 동조화 현상을 의학적인 치료에도 활용할 수 있는데, 예를 들면 뇌 손상 등으로 인해 보행이 불편한 신경학적 환자에게 외부에서 규칙적인 리듬이나 박을 제공하여 보행을 균형적으로 도와줄 수 있다(Ghai et al., 2018; Thaut et al., 2015).

제3장

음악에서 음악심리로

우리는 기분이 우울할 때 음악을 들으면 위로받는 느낌이 나기도 한다. 때로는 공연장을 찾아가서 음악을 듣고 나면 활기가 넘치기도 한다. 음악은 어떻게 인간에게 이러한 영향을 미치는 것일까? 이 장에서는 음악이 인간에게 미치는 심리적인 영향에 대해 소개할 것이다.

1. 음악의 기원

"음악은 언제 시작되었으며 인간에게 어떤 영향을 미쳤는가?"

음악은 인류 발생사의 아주 오래전부터 인간과 함께해 왔다. '음악을 하는 것은 인간의 보편적 특성'이며 우리는 '음악적인 종 (species)'이라고 할 만큼 인간은 음악을 만들어 낼 수 있는 유일한 존재라고 할 수 있다. 이러한 음악이 언제부터 인간과 함께 존재하였는가에 대한 의견은 다양하다(Drosser, 2009/2015). 신이 인간에게 음악을 주었다는 설화를 주장하기도 하고 성경에서 음악의 기원[1]을 찾기도 한다. 이처럼 음악의 기원과 관련되어 많은 이론이 소개되고 있는데 이와 관련된 몇 가지 이론은 다음과 같다(Radocy & Boyle, 1997/2001).

첫째, 짝찾기 이론이다. 이 이론에서는 음악의 기원이 인간의 본능에서 시작되었다고 말한다. 즉, 음악의 초기 형태가 짝을 찾는 신호의 연장이라는 것이다. 이 이론에서는 짝을 찾는 새들의 노래를 인간들이 흉내 내면서 그것이 음악이 되었다고 주장한다. 그러나 새들의 노래는 본능적인 소리이지만 인간의 노래는 어떤 목적을 위해 인간이 만들었다는 점에서 이 이론은 비판을 받는다.

둘째, 리듬이론이다. 이 이론에서는 음악의 기원이 춤의 반주에서 시작되었다고 말한다. 하지만 샤츠(Sachs, 1943)는 음악이 노래에서

---

1) 음악의 치료적 사용에 대한 최초의 문헌적 기록을 성경 사무엘상 16장 23절 사울왕과 다윗의 이야기에서 찾기도 한다.

시작했다는 설과 원시인들은 춤을 반주할 악기를 가지지 못했다는 점을 주장하며 이 이론을 비평하고 있다.

셋째, 감정적 구어이론이다. 이 이론은 언어이론, 표현이론 등으로 불리는데 이 이론에서는 사람이 자신의 감정이 고조될 때 말하는 것이 평상시 말하는 것과 달리 더 음악적이이라는 점에 주목하면서 인간이 이러한 감정을 표현하는 것에서 음악이 시작되었다고 말한다. 그러나 언어가 아무리 감정적이라고 해도 음악적인 요소를 반영하지 않기 때문에 이 이론은 비판을 받고 있다.

넷째, 신호를 부르는 이론이다. 이 이론에서는 음악의 기원이 먼 거리에 있는 사람들과 의사소통을 효과적으로 하기 위해 시작되었다는 것이다. 즉, 멀리 있는 사람을 부르기 위해 큰 소리를 내거나 소리치는 것이 음악적인 특성을 가지게 되었다는 것이다.

넷째, 네틀(Nettl)의 이론이다. 네틀은 인류 초기에 사람들이 내는 소리는 언어도 음악도 아니었지만 시간이 지나면서 언어와 음악으로 분화되었다고 한다. 즉, 음악과 언어가 구별되기 위해서는 세 단계를 거치는데, ① 음악과 언어가 구별되지 않는 시기, ② 음악과 언어가 구별되는 시기, ③ 다양한 스타일의 음악이 나타나는 시기이다.

이처럼 음악의 기원에 대한 이론은 다양하게 소개되고 있지만 이를 뒷받침해 줄 수 있는 근거나 유산이 남아 있지 않아 비판을 받기도 한다. 그러나 결론적으로 이러한 음악의 기원에 대한 이론들은 공통적으로 음악의 발달이 원시사회부터 시작되었음을 보여 주고 있다.

2. 시대별 음악의 역할

"고대부터 현재까지 음악의 역할은 무엇인가?"

1) 고대 그리스

고대 그리스는 현대 서양의 사회, 문화, 예술 사상의 기초이며 절대적인 영향을 미친 시대라고 할 수 있다. 고대 그리스의 음악 역시 이후 음악에서 큰 비중을 차지하는 중요한 개념에 영향을 미쳤는데, 이는 인간은 조화로운 삶을 영위함으로써 신을 섬길 수 있고 인간이 올바르게 살았을 때 천국이 인간에게 하모니를 선사한다는 것이다(Hall, 1957/2018). 즉, 상승하는 멜로디로 인간은 신에게 다가가고 위에서부터 내려오는 멜로디는 신이 인간에게 화답한다는 것이라고 생각하였다. 이 시기는 모달음악(선법음악)[2]이 중시되었는데 신에 대한 사랑을 음악으로 표현하기도 하였다.

고대 그리스인들은 음악으로 인간의 감정을 자극하거나 진정시키기도 하고 품위를 더하거나 손상시킬 수 있다고 믿었다. 그래서 특정 리듬, 진동 등에 장기간 노출될 경우 인간의 의식이 높은 수준으로 성장할 수도 있지만 반대로 의식의 수준이 추락할 수도 있다고 믿었다. 이처럼 고대 그리스의 철학자들은 음악의 힘과 인간에게 미치는 영향력에 대한 강한 신뢰가 있었으며 음악에 대해 분명한 철학

---

2) 모달음악은 선법음악으로 우리에게 친숙한 장조, 단조뿐만 아니라 도리안, 프리지안, 리디안, 이오니안 등 모든 조성을 자유롭게 활용하며 코드 진행 중 기본 조성으로 회귀하지 않는 경우도 많다는 특징을 가지고 있다.

적 가치관을 갖고 있었다.

이 시기 대표적인 철학자 아리스토텔레스(Aristotle)는 음악은 인간 정신의 도덕적 특성에 영향을 미치며 인간의 성격을 발전시키기 위한 음악교육에서 윤리적인 멜로디와 화성을 강조하였다(황은영 외, 2019). 또한 플라톤(Plato)은 음악이 인간 영혼에 미치는 영향을 강조하면서 음악으로 인간의 몸과 마음을 정화시킬 수 있다고 주장하였다. 즉, 음악은 조화로운 인성과 열정을 형성하게 하며 인간에게 적절한 정도의 긴장을 이완시키면서 정신과 마음을 조화롭게 한다고 하였다(Stolba, 1998).

또한 수학자로 유명한 피타고라스(Pythagoras)는 일찍부터 음악이 영혼에 미칠 수 있는 힘을 인식하고 그 중요성을 강조하였다. 그는 자연에 존재하는 수학적 질서를 주장하면서 음악이 인간의 영혼에 미치는 영향을 이해하고자 하였다(구자현, 2018). 그는 자연의 소리는 천체의 운행이 조화를 이룰 때 내는 소리라고 하였으며 조화는 차례로 울리는 음들 사이의 일정한 비율을 의미한다고 하였다. 이러한 생각을 바탕으로 피타고라스는 음정과 줄 길이의 관계를 탐구하

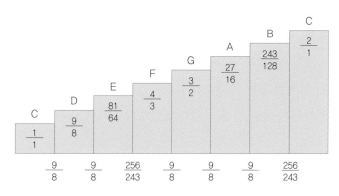

[그림 3-1] **피타고라스의 순정률에서 진동수의 비**

여 음정관계를 수적 비율관계로 분석한 조율법을 고안하였다([그림 3-1] 참조).

2) 중세시대

중세는 교회가 중심이 되어 건축, 시, 문화 등 모든 예술을 주도한 시기이다. 이 시기 음악 역시 종교적인 내용, 신앙적인 내용이 강조되었다. 이때 음악은 인간과 신을 연결해 주는 매개체로 주로 찬양곡이나 예배의식을 위한 곡들이었다. 중세 초기 교회 음악은 악기 반주 없이 단음으로 된 노래가 주를 이루었는데 이러한 노래를 그레고리안 챤트(Gregorian chant)[3]라고 한다. 챤트는 영성과 교회의식의 경건함을 위한 노래로 전해지고 있다.

중세의 의사들은 음악가를 초빙하여 투병 중인 환자에게 노래와 연주를 들려주며 음악을 통해 환자의 마음을 진정시키는 효과를 관찰하기도 하였다. 이 시기 음악가인 보에티우스(Boethius)는 고대 그리스 시대의 피타고라스와 플라톤의 음악관을 중세에 전하는 역할을 하였는데 그는 음악이 인간의 성격과 도덕, 그리고 윤리적 행동에 영향을 미칠 수 있다고 강하게 믿었다. 이러한 이유로 그는 어떤 음악을 듣는지에 따라서 그 사람의 인성을 알 수 있으며 음악을 분석함으로써 그 음악을 듣는 사람의 영혼도 알 수 있다고 하였다 (Hall, 1957/2018).

---

3) 그레고리안 챤트는 로마 가톨릭 교회에서 사용되는 중세의 예배 음악으로, 그레고리오 1세가 기반을 제시한 단일 음성의 명상적이고 고요한 성가이다. 라틴어로 작성되었으며, 중세 시대부터 현대까지 교회 음악의 전통적인 예술로 남아 있다.

3) 르네상스~19세기

르네상스는 인류 역사상 가장 다이나믹하고 창조적인 시대 중 하나이며 의학과 음악 분야에서도 많은 변화가 이루어진 시대이다. 음악에 있어서 이 시기는 억압받지 않은 인간 본래의 감성을 표현하고자 하는 움직임이 일어났다. 따라서 이 시기 음악은 단순하고 느낌을 그대로 표현하려는 특징이 있었다. 또한 르네상스 시대는 중세 종교만을 강조하던 삶에서 벗어나 세속적인 세계관을 갖게 되었고 내세보다는 현재의 삶에서 의미를 찾고자 하는 움직임이 있었다. 이러한 이유로 음악도 종교적인 목적뿐만 아니라 미학적인 만족이나 즐거움을 얻고자 하는 데 사용되었다. 이에 따라 새로운 작곡 형태의 음악들이 생겨나고 일상에서뿐만 아니라 행사와 의례에 음악을 사용하면서 음악의 기능이 더욱 다양하게 되었다(정현주, 2022).

한편, 이 시기 음악은 과학과 연결되면서 음악의 속성과 인간의 기질적 속성의 연관성을 제시하기도 하였다. 예를 들면, 담즙은 우울한 기질, 흙과 연결되어 있으며, 음악적 요소로는 베이스, 믹소리디안과 연결되어 있다는 것이다. 이러한 이론은 음악을 통해 몸과

〈표 3-1〉 **인간과 음악의 관계**

우주	인간			음악	
요소	체액	기관	기질	음역	선법
흙	담즙	비장	우울한	베이스	믹소리디안
물	점액	뇌	무기력한	테너	도리안
공기	피	심장	낙관적인	알토	도리안
불	황담즙	간	다혈질의	소프라노	프리지안

출처: 정현주(2022), p. 89.

마음의 조화를 이루면 질병에서 벗어나 건강을 유지할 수 있다고 주장한다(Boxberger, 1962; 〈표 3-1〉 참조).

17세기 이후에는 음악의 영향력을 철학적 · 윤리적 관점에서 생각하기보다 생리학적 · 심리적 관점에서 다루기 시작하였다. 특히 로저(Roger, 1748)는 「인체에 대한 음악효과에 관한 논문」을 발표하여 음악이 인간에게 영향을 미칠 수 있는지, 그리고 어떻게 영향을 미치는지에 대해 과학적으로 설명하였다(박영란, 1992에서 재인용).

4) 20세기 이후

20세기에 들어서면서 음악교육자, 정신분석학자, 임상에서의 전문가들은 음악이 인간의 행동에 미치는 영향과 정신 및 신체와의 연관성, 그리고 특수한 치료의 과정으로서 음악의 역할에 대해 관심을 갖게 되었다. 음악이 치료를 위해 사용된 것은 오랜 역사를 가지고 있지만 전문적인 학문의 영역으로서 체계적으로 시작된 곳은 제2차 세계대전 이후의 미국이었다. 당시 미국 캔자스 지방의 전쟁 후 부상 병사들을 치료하는 병원에서 음악이 병사들의 정서적 안정뿐만 아니라 신체적 회복에도 긍정적인 영향을 미침이 보고되면서 전문적인 음악치료라는 학문이 시작되었다. 이후 음악치료는 1950년 공식적인 음악치료협회가 설립되면서 미국에서 본격적인 음악치료사 양성이 시작되었다(강경선, 2008).

미국에서 시작된 전문적인 음악치료는 1990년 후반 국내에 소개되었다. 초기에는 심리학적 이론을 바탕으로 하는 정신치료와 특수아동의 전반적 발달을 위한 치료로서 수행되었지만 이후 음악이 인간에게 미치는 다양한 영향이 소개되면서 현재는 영유아부터 노인에 이르기까지 다양한 대상에게 음악을 치료적인 목적으로 적용하는 전문 영역으로서 발전하고 있다.

5) 현대

현대 사회에서 음악은 인간 생활의 다양한 측면에 영향을 미치고 있다. 음악은 예술적 경험을 제공하는 것뿐만 아니라 상업적인 수단으로 사용되기도 하고 또한 전문적인 치료 영역에서 사용되기도 한다. 상업적 사용으로는 영화에서의 음악, 광고에서의 음악 등이 있으며 치료영역에서 음악은 인간의 행동, 정서 등 다양한 영역에 영향을 미침으로써 전반적인 건강에 도움을 주고 있다. 특히 전 세계적으로 COVID-19로 인한 펜데믹의 영향으로 우울, 불안 등 일반 대중들의 정신건강의 중요성이 강조되면서 일상에서 스스로 자신의 감정과 정서를 조절하는 전략으로서 음악의 필요성이 증가되었다.

이때 음악은 심리방역으로서의 역할을 할 수 있다. 즉, 일반 대중들은 일상에서 음악을 들으며 기분을 조절하고 대면에서의 사회적인 상호작용이 줄어듦으로 인해 발생하는 고립감, 외로움, 우울 등의 부정적인 정서를 음악을 들으며 해소하기도 한다(김은영, 황은영, 2022; 황은영, 2021). 최근에는 모바일 등을 통해 음악에 대한 접근성이 용이해지면서 음악의 활용도가 더욱 높아지고 있는데 음악을 통해 수면의 질을 향상시키는 등 '디지털 치료제[4]'로서 음악의 역할에 대해서도 관심이 증가하고 있다. 이처럼 음악은 인간의 삶의 다양한

---

4) 디지털 치료제는 메타버스나 인공지능(AI), 챗봇, 게임 등 디지털 기술을 활용해서 환자를 치료하는 소프트웨어(SW)를 말한다.

측면에 영향을 미치면서 단순한 예술적 작품 그 이상의 역할을 하고 있다고 할 수 있다.

3. 음악의 기능

"음악은 어떤 역할을 할까?"

음악은 오래전부터 인류와 함께 하면서 사회적 · 문화적으로 많은 영향을 미쳤다. 음악의 기능에 대한 다양한 관점은 다음과 같다.

1) 메리암의 음악의 기능

메리암(Merriam)은 인간이 음악을 사용하는 방법이나 상황은 다를지 모르지만 음악은 사회, 문화를 초월하여 근본적으로 갖는 기능이 있다고 주장한다(Merriam, 1964). 즉, 감정 표현, 미적 즐거움, 오락, 커뮤니케이션, 상징적 표현, 신체적 반응, 사회적 규범, 사회기관과 종교의식의 확인, 사회와 문화의 연속성, 사회의 통합에 기여한다는 것이다.

감정 표현 기능으로서 음악은 인간이 평소에 표현하지 못하는 생각이나 감정을 음악을 통해 표현한다는 것이다. 사회저항 노래들은 노래를 통해 감정을 표현하는 허용된 방법이며 대중음악의 사랑, 이별 노래들도 인간의 감정을 표현하는 기능을 한다.

미적 즐거움 기능으로서 음악은 기본적으로 아름다움, 의미, 감정적 경험을 유발하는 힘을 가지고 있다는 것이다. 음악을 통한 미적인 즐거움이 음악소리 그 자체의 구성으로 인함인지, 혹은 소리와 관련된 상징의 영향인지, 혹은 감상자의 경험이나 연상과 관련된 것인가에 대해서는 여전히 논의가 되고 있지만 음악은 그 자체로 아름다움을 전달하는 기능을 가지고 있다.

오락 기능으로서 음악은 인간에게 즐거움, 기분전환 등을 제공한다는 것이다. 음악은 미적인 즐거움을 주기도 하지만 또한 오락적인 즐거움을 제공하는 기능도 할 수 있다. 두 가지 기능을 명확하게 구분하는 것이 어려울 수 있지만 보통 상업적으로 활용되는 음악의 경우 오락적인 기능이 더 크다고 할 수 있다.

커뮤니케이션 기능으로서 음악은 그것이 소속된 문화의 영향을 통해 변화되는 것이며 보편적인 언어는 아니라는 것이다. 커뮤니케이션으로서 음악은 음악에 의한 기분, 느낌 등이 음악 외적인 요소들에 의해 달라진다고 본다. 예를 들면, 감상자의 성격, 태도, 경험 등이 음악을 들을 때 영향을 미칠 수 있다는 것이다.

상징적 표현 기능으로서 음악은 생각이나 행동 등을 음악이 상징적으로 표현한다는 것이다. 예를 들면, 학교를 대표하는 교가, 광고에서의 노래 등은 음악이 상징적으로 관련 단체나 물건 등을 표현한다고 할 수 있다.

신체적 반응을 유발하는 기능으로서 음악은 춤이나 리듬적 활동을 위해 음악이 사용된다는 것이다. 음악은 행동을 증가시키기도 하고 또는 감소시키기도 한다. 운동을 할 때 사용하는 음악은 신체의 반응을 강화시킬 수 있지만, 반대로 명상 등에서 사용하는 음악은 신체를 이완시키며 안정감을 주기도 한다.

사회적 규범과 관련된 기능으로서 음악은 여러 문화권에서 사용될 수 있는 것으로 사회에서 무엇이 적절한 행동이며 또는 그렇지 않은 행동인가를 음악을 통해 알려 준다는 것이다. 어린 유아들이나 아동의 경우 학교에서 특정 행동을 익숙하게 하기 위해 가사를 통해 전달하는 음악을 예로 들 수 있다.

사회기관과 종교의식의 확인 기능으로서 음악은 특정 기관이나 특정 종교단체에서 그들의 전통과 이상을 확립하고 보존하려는 음악이라고 할 수 있다. 학교의 비전을 보여 주는 교가, 종교단체에서의 음악 등을 예로 들 수 있다.

사회와 문화의 연속성에 기여하는 기능으로서 음악은 문화의 지속과 보존에 음악이 기여한다는 것이다. 즉, 음악은 과거의 문화를 후손에게 이어 주는 기능을 한다고 할 수 있다.

마지막으로, 사회의 통합 기능으로서 음악은 사람들을 하나로 모아 주는 기능을 음악이 한다는 것이다. 즉, 그룹 합창단이나 함께 하는 연주 활동은 개인에서 그룹으로 함께할 수 있음을 보여 준다고 할 수 있다.

2) 케플란의 음악의 기능

사회학자 케플란(Kaplan, 1990)은 음악의 기능에 대해 지식의 형태, 소장품, 개인의 경험, 치료, 도덕과 상징성, 상품, 사회의 변화를 제시하고 방향을 설정, 과거, 현재, 미래의 시나리오를 연결한다고 말했다.

지식의 형태로서의 기능은 음악이 소리, 형식, 요소들을 갖춘 예술로서의 창작품이라는 것이다. 이러한 지식은 주관적 경험으로 예술이 지니는 장점이라고 할 수 있다. 소장품으로서의 기능은 음악이 소속기관이나 종교단체 등 집단의 성격을 보여 준다는 것이다. 개인의 경험으로서 기능은 음악이 개인의 감정이나 경험을 표현한다는 것이며, 치료로서의 기능은 음악이 단순히 음악을 넘어서 노래나 악기를 연주하면서 비음악적인 목적을 달성할 수 있다는 것이다. 예를 들면, 음악을 통해 편안함을 유도하거나 바람직한 행동을 유발하는 것 등은 음악의 치료로서의 기능이라고 할 수 있다. 도덕과 상징성으로서의 기능은 음악이 중요한 가치나 개념들을 상징한다는 것이다. 또한 음악을 통해 사회에서 적절한 행동과 태도를 가르칠 수 있다는 것이다. 상품으로서의 기능은 음악이 상품을 광고하거나 이윤을 추구하기 위한 목적으로 사용된다는 것이다. 사회의 변화를 제시하고 방향을 설정하는 기능은 음악이 과거부터 현재까지의 변화를 통해 음악이 사회와 인간의 삶에 어떠한 영향을 미쳐 왔는가에 대해 제시한다는 것이다. 마지막으로, 과거, 현재, 미래의 시나리오를 연결하는 기능은 음악이 인간의 삶이 음악을 통해 연결된다는 것이다. 과거 음악이 현재에도 예술적인 가치를 가지고 미적 기능을 추구하는 것처럼 미래에도 연결되어 지속된다는 것이다.

4. 음악과 정서

"왜 우리는 음악을 들으며 눈물을 흘릴까?"

음악은 왜 인간에게 슬픔, 기쁨 등의 정서를 불러일으킬 수 있는가에 대해 논의하기 전에 먼저 음악을 들을 때 반응하는 뇌의 부분에 대해 알아보고자 한다. 또한 음악이 정서 반응을 일으키는 메커니즘 및 관련 연구와 정서와 유사한 단어들에 대해서도 알아보고자 한다.

1) 음악에 대한 뇌의 반응

음악에 대한 반응을 알아보기 위해서는 먼저 뇌의 구조와 기능에 대한 이해가 필요하다.

(1) 뇌의 구조

인간의 뇌는 뇌간(brain stem), 대뇌변연계(limbic system), 대뇌피질(cerebralcortex)의 3층으로 구성되어 있다. 뇌간은 호흡, 생식, 소화 등 기본적인 생명과 관련된 자율기능을 담당하며 생존을 위해서 필요한 기능들을 무의식적으로 조절하는 것으로 파충류의 뇌라고 불린다. 대뇌변연계는 운동신경과 다양한 감정반응 기제들을 관리하며 포유류의 뇌라고 불린다. 인간의 뇌라 불리는 대뇌피질은 언어활동을 토대로 기억, 분석, 종합, 판단하며 창조하는 인간 고유의 두뇌 활동이 이루어진다([그림 3-2] 참조).

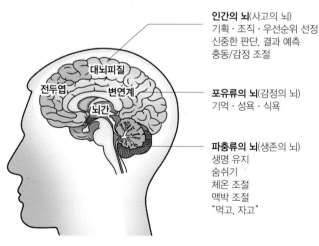

[그림 3-2] 인간의 뇌구조

또한 뇌의 각 반구는 전두엽(frontal lobe), 측두엽(temporal lobe), 두정엽(pariental lobe), 후두엽(occipital lobe)으로 구성되어 있다. 각각의 기능을 살펴보면 전두엽은 이마 가까운 곳에 위치하고 있으며 주로 계획, 통제, 판단 등이 이루어진다. 측두엽은 소리 정보를 처리하는 일차피질이 자리하고 있으며 주로 구어를 이해하고 얼굴을 인식하는 등 복잡한 대상의 재인과정에 관여한다. 두정엽은 주의기능과 공간지각을 관장하는 곳으로 신체감각 정보가 가장 먼저 전달되는 피질이 위치하고 있다. 후두엽은 가장 뒤쪽에 있으며 시각 정보를 처리하는 시각피질이 있다. 또한 각 반구를 좌우로 구분하면 우측 반구는 주로 동시적, 형태적, 직관적, 비언어적, 시공간적, 종합적인 기능을 담당하고 좌측 반구는 논리적, 분석적, 시각적, 언어적, 이성적인 기능을 담당한다([그림 3-3] 참조).

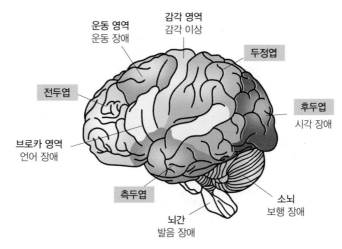

[그림 3-3] 뇌 반구의 구성과 관련 장애

(2) 음악과 뇌의 반응

음악은 뇌의 신경망을 재구성하여 독창적인 새로운 아이디어를 형성할 수 있게 해 준다. 음악을 들을 때 사람의 두뇌에는 여러 변화가 일어나는데 우측 반구에서는 상상력과 감정이 발생하며 좌측 반구에서는 리듬, 가사의 논리적인 요소에 초점을 두며 반응한다. 또한 음악은 두뇌의 양쪽을 활성화시키며 새로운 연결을 만들어 낸다. 음악이 향상시킬 수 있는 좌측 반구의 능력은 기억력, 연주하는 악기의 유형에 따라 연주할 수 있는 기술, 리듬감각 등이 있으며, 우측 반구의 능력은 상상력, 창의력, 조화로움이 있다.

음악을 들을 때 뇌의 반응을 알아보면 먼저 운동피질은 움직임과 관련된 부분으로 악기 연주를 할 때 활성화되며 감각피질은 악기를 연주하거나 춤을 출 때 반응한다. 편도체와 해마, 중격의지핵 등은 음악을 들을 때 정서반응을 유발하는 것으로 알려져 있다. 특히 소뇌의 경우는 일반적으로 움직임을 관장하는 뇌로 알려져 있는데 음악을 들을 때 강하게 활성화되지만 소음을 들을 때는 그렇지 않음을 발견하였다(Levitin, 2007/2021). 이러한 이유는 소뇌가 뇌의 정서중추들, 즉 정서적 사건을 기억하는 데 관여하는 편도체를 비롯해 계획과 충동 조절에 관여하는 전두엽에 강하여 연결되어 있기 때문으로 설명하고 있다(Schmahmann & Sherman, 1998). 소뇌는 또한 뇌에서 진화적으로 가장 오래된 부분이며 파충류의 뇌라고 불리는 부분인데 뇌의 나머지 영역 무게의 10%밖에 되지 않지만 전체 뉴런 수의 50~80%를 포함하며 결정적으로 음악에서 박자감각에 관여한다. 음악을 들을 때 반응하는 뇌의 부분은 [그림 3-4]와 같다.

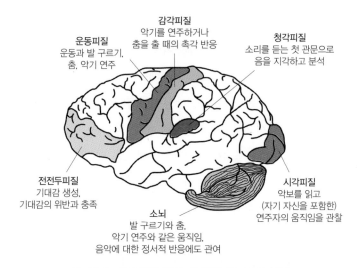

운동피질
운동과 발 구르기,
춤, 악기 연주

감각피질
악기를 연주하거나
춤을 출 때의 촉각 반응

청각피질
소리를 듣는 첫 관문으로
음을 지각하고 분석

전전두피질
기대감 생성,
기대감의 위반과 충족

소뇌
발 구르기와 춤,
악기 연주와 같은 움직임,
음악에 대한 정서적 반응에도 관여

시각피질
악보를 읽고
(자기 자신을 포함한)
연주자의 움직임을 관찰

[그림 3-4] 음악을 들을 때 반응하는 뇌의 부분

2) 정서, 기분, 감정의 정의

정서(emotion)와 유사한 단어로 기분(mood), 감정(feeling) 등이 종종 사용된다. 먼저 정서(emotion)는 다양한 인간의 감정행동에 적용되는 광범위한 용어이다. 일반적으로 정서는 특정 사건에 의해 발생하는 구체적인 감정 상태를 말하며 비교적 짧은 시간 지속되는 특징을 가지고 있다. 정서는 주관적인 느낌, 생리적 각성, 행동의 경향성 같은 구성요소로 설명될 수 있는데 정서를 표현한다는 것은 이러한 정서를 얼마나 표출하는지, 얼마나 통제할 수 있는지, 억제하는지를 포함하는 개념으로 이는 심리적인 건강과도 연결되어 있다.

영(Young, 1973)은 정서적 과정을 여덟 가지 종류로 말하였다. 첫째, 감각자극에 반응한 유쾌 혹은 불쾌함의 단순한 느낌, 둘째, 배고픔, 목마름, 포만감, 신체적 안락함 같은 부정적, 긍정적인 유기체적 느낌, 셋째, 배고픔 같은 식욕의 상태, 성적 욕구, 열망, 혐오감 같은 또 다른 행위 활동 느낌, 넷째, 도덕적, 미적, 종교적, 사회적 감정 그리고 선행 경험, 교육 훈련에 의해 형성된 태도, 다섯째, 명랑함, 걱정, 슬픔, 의기양양함 같은 지속되고 있는 기분, 여섯째, 중증 우울증, 냉담, 적의 같은 병적인 정서, 일곱째, 두려움, 분노, 웃음, 고통, 당황스러움 같은 감정, 마지막으로 활발함, 명랑함, 변덕스러움 같은 기질을 말하였다.

한편, 기분(mood)은 특정 자극이 사라져도 좀 더 지속되는 경향이 있는 정서적인 상태를 의미한다. 즉, 기분은 어떤 생각을 함으로써 나타나기도 하고 날씨, 음악 등 환경적인 영향이나 스트레스 등 신체적 영향을 받아 변하기도 한다(Larsen, 2000). 기분을 느낀다는 것은 개인 내부에서 어떤 일이 벌어지는지 신체적, 정서적, 인지적 등 다차원적으로 지각하는 과정이라고 할 수 있다. 또한 기분은 느낌의 강도가 약하고 지속시간이 길다는 측면에서 정서적 경험이 지나간 이후 나타나는 비교적 안정적인 상태로 보기도 한다(Morris & Reilly, 1987). 연구자들은 기분은 뚜렷한 유발 원인을 알 수 없는 경

〈표 3-2〉 기분과 정서의 공통점과 차이점

기분	정서
• 내부 신체적 혹은 외부 환경적 자극에 의해 느끼게 되는 감정적 반응 • 주관적 느낌, 생리적 각성, 행동 경향성과 같은 구성요소를 수반	
-기분은 정서가 지속되는 느낌의 만성적 상태 -기분은 정서와 달리 기분을 일으킨 구체적 대상이 불명확함 -기분은 호르몬, 신진대사, 면역체계 등과 같은 신체적 상태와 연관성이 높음	-정서는 특정 대상에 의해 유발되는 상당히 짧지만 강렬한 감정적 반응 -정서는 의식적이고 평가적인 심리 상태

우가 많고 포괄적이며 침투성이 강한 특성이 있다고 한다. 또한 감정(feeling)은 기분과 정서를 포괄하는 개념으로 설명된다. 이를 표로 나타내면 〈표 3-2〉와 같다.

3) 음악과 감정반응 메커니즘

인간은 왜 음악을 들으면 슬픔, 기쁨 등의 감정을 느끼게 되는 것인가에 대해 요슬린과 배스트펠(Juslin & Västfjäll, 2008)은 다음의 아홉 가지 심리학적 메커니즘으로 설명하였다.

(1) 뇌간반사(brainstem reflex)

인간은 진화하면서 뇌간에서 청각적인 신호들을 위험의 신호로 판단한다. 큰 소리는 대개 위험과 직결되어 있다고 판단하여 뇌간에서는 신속한 반응, 자동적인 반응을 요구한다. 이런 반사반응을 일으키는 소리들은 갑자기 크기가 변하는 소리, 아주 높거나 낮은 소리, 불협화음 등을 말하는데 이런 소리들을 들으면 인간은 위험신호로 판단하여 어떤 반응을 한다는 것이다. 부정적인 반응뿐만 아니라 좋은 음악을 들을 때도 흥분과 놀람 같은 감정들을 일으키게 된다. 즉, 인간이 음악을 들으면 감정이 유도되는 것은 본능과 관련된 기본적인 음향이 가지고 있는 속성에 대한 반응이다.

(2) 리듬 동조화(rhythmic entrainment)

리듬은 음악의 요소로서 인간의 행동에 많은 영향을 미친다. 예를 들면, 빠르고 강한 리듬은 교감신경을 자극하여 인간을 흥분시키며 느리고 약한 리듬은 부교감신경을 자극하여 인간을 이완시킨다. 즉,

인간이 음악을 들으면서 신나고 흥분되는 감정을 느끼는 것은 외부적인 리듬에 동조화되려는 반응으로 발생한다는 것이다.

(3) 평가 조건화(evaluation conditioning)

조건화는 파블로프(Pavlov)의 개 실험을 통해 알려졌다. 즉, 연구자가 종을 칠 때마다 개에게 먹이를 주자 이후 종소리가 나면 먹이를 주지 않아도 개가 침을 흘리기 시작했다. 이와 같이 음악과 관련된 조건화는 우리가 가진 개인적인 경험이 특정 음악과 연결될 때 발생한다. 예를 들면, 어릴 때 들었던 음악들은 오랜 시간이 지난 후에 들어도 조건화가 되어 유사한 감정을 일으킬 수 있다는 것이다. 즉, 인간이 음악을 들으면서 감정이 유도되는 것은 그 음악과 관련된 조건화가 되어서 과거에 느낀 감정과 유사한 감정을 느끼게 되는 것이다.

(4) 감정적 전염(contagion)

음악은 그 음악이 표현하는 감정이 듣는 이의 내면에서도 같은 감정을 일으킨다는 것이다. 즉, 목소리와 유사한 음악의 정서적 표현에 인간은 반응한다는 것이다. 예를 들면, 슬프고 낮은 목소리는 우울감을 표현하는 것처럼 이러한 음악은 인간에게 우울한 정서를 유발하며 불안하고 공포를 느낄 때 목소리가 떨리는 것처럼 음악의 비브라토 등은 유사한 불안감으로 전염된다는 것이다. 이러한 이유는 인간은 공감하는 능력을 가지고 있어서 자신의 감정을 타인의 감정 안으로 전염시킬 수 있기 때문이다. 물론 음악이 표현하는 감정에 인간이 항상 동일한 감정으로 반응하는 것은 아니다. 젊은 시절 연인과의 이별을 다룬 노래를 들으면서 슬픈 감정을 느낄 수도 있지만 때로는 이 음악을 들으면서 위로를 받을 수도 있다. 인간이 음악을 들으면서 유사한 감정을 느끼는 것은 음악이 전달하는 그러한 감정에 전염되기 때문이다.

(5) 시각적 이미지(visual imagery)

음악은 우리에게 아름다운 자연이나 관련 이미지를 연상시킬 수 있다. 즉, 음악은 우리에게 다양한 심상의 이미지를 이끌어 낼 수 있으며 이것은 치료에 적용되기도 한다. 예를 들어, 인간은 음악을 들으면서 자연 등 관련된 시각적 이미지를 떠올리며 편안해지기도 한다. 인간이 음악을 들으면서 감정을 느끼는 것은 음악을 통해 유사한 시각적 이미지를 떠올릴 수 있으며 이러한 이미지를 통해 편안함을 느끼는 등 감정을 느낄 수 있기 때문이다.

(6) 일화기억(episodic memory)

음악은 일반적인 연상이나 추상적인 기억뿐만 아니라 과거의 상황을 생생하게 떠올리게 하기도 한다. 예를 들면, 친구와 아름다운 여행, 가족과의 행복한 시간 등의 사건이 특정 음악과 연결될 때 강하고 생생한 기억으로 떠오를 수 있다. 인간이 음악을 들으며 감정이 유도되는 것은 음악과 관련된 기억을 떠올리며 그때와 유사한 감정을 느낄 수 있기 때문이다.

(7) 음악적 기대(musical expectancy)

일반적으로 사건이 우리가 예상하는 기대에서 벗어날 때 우리는 만족이나 놀람 등의 감정을 경험한다. 연주에서도 음악적 기대감에서 벗어날 때 우리는 감정을 경험할 수 있게 된다. 예를 들면, 피아노 화성 안에서 진행되는 음에서 마지막에 종결의 화음이 빠지면 기대감에서 벗어나 놀람이나 긴장을 경험하기도 한다. 인간이 아방가르드 음악[5] 같은 것을 들으면 음악적 불안감을 느낄 수도 있는데 그러한 이유는 음악이 주는 예상감을 벗어나기 때문이다.

(8) 미적 판단(aesthetic judgement)

인간은 음악이 주는 그 자체의 아름다움에서 정서를 느낄 수 있다. 예를 들면, 바흐의 위대한 작품을 들으며 우리는 기쁨과 감동을 느낄 수도 있고 연주자의 뛰어난 연주 기술에서 존경과 경외감을 느낄 수도 있다. 인간은 음악을 들으면서 음악이 주는 그 아름다움 자체로도 감정을 느낄 수 있다.

(9) 인지적 목적 평가(cognitive goal appraise)

음악이 기쁨, 감동, 즐거움 등의 긍정적인 정서를 유발하기도 하지만 때로는 부정적인 정서를 유발할 수도 있다. 예를 들면, 좋은 음악도 밤에 이웃이 연주하는 음악은 소음으로 들릴 수도 있다는 것이다. 인간은 음악을 들으며 인지적으로 평가하면서 관련된 정서가 유도될 수 있다.

4) 정서반응 연구 방법

음악은 오래전부터 인간의 정서반응에 많은 영향을 미쳐 왔음을

---

5) 아방가르드 음악은 전위예술 및 음악의 한 장르로 아방가르드의 영향을 받은 음악을 뜻한다. 아방가르드(avant-garde) 또는 전위예술(前衛藝術)은 예술, 문화, 사회에 대한 실험적 또는 급진적이거나 비전통적인 작업과 작가 모두를 이르는 말이다. 종종 미적인 혁신과 생경한 거부감으로 규정되기도 한다.

알 수 있다. 음악에 대한 정서반응 연구는, 첫째, 신경, 생리학적 측정, 둘째, 피험자의 자기보고, 셋째, 관찰을 통한 정서행동 측정 방법 등으로 수행되었다.

(1) 신경, 생리학적 측정을 통한 연구

신경, 생리학적 측정을 통한 연구는 음악이 인간에게 어떤 정서적 반응을 유발하였는가에 대한 정도를 신경, 생리학적 반응을 통해 측정하는 것이다. 일반적으로 이런 연구들은 음악적 자극을 독립변인[6]으로, 다양한 신경, 생리적 반응을 종속변인[7]으로 하여 진행된다. 이러한 연구에서 많이 언급되는 생리적 반응으로는 심박수, 호흡 속도, 호흡 진폭, 피부에 나타나는 전기활동, 호르몬의 농도 등이다.

최근에는 신경영상기법이 인간의 두뇌가 음악을 처리하는 동안 역동적 과정을 살펴볼 수 있다는 점에서 주목받고 있다(Lundqvist et al., 2009). 신경영상기법의 대표적인 방법으로는 기능적 자기공명영상(functional Magnetic Resonance Imaging: fMRI), 양전자방출촬영(Positron Emission Tomoghraphy: PET) 등이 있다(이지영, 2006). 먼저 fMRI는 뇌 혈류량의 변화를 통해 뇌세포의 활성화를 측정하는 것인데 특정 뇌 영역이 사용되면 그곳의 혈류량이 증가하고, 이러한 뇌 영역의 사용을 혈류의 변화를 통해 영상화하는 것이다. 이를 통해 다양한 음악자극에서 활성화되는 뇌의 영역을 알아볼 수 있다.

PET는 양전자를 방출하는 약품을 투여 후 촬영기기를 통해 그 약품의 체내 분포를 알아보는 것으로 음악을 경험하는 동안의 뇌 혈류

---

6) 독립변인(Independent Variable: IV)은 다른 변인에 영향을 주는 변인이다.
7) 종속변인(Dependent Variable: DV)은 영향을 받는 변인으로, 독립변인에 의해 변화하는 변인이다.

량(Cerebral Blood Flow: CBF)의 변화, 도파민 결합 감소, 도파민 방출 등을 알아볼 수 있다(Salimpoor et al., 2011). 이러한 연구를 통해 음악에 대한 반응을 객관적으로 측정할 수 있게 되었다.

연구에 의하면 음악에 의한 정서 경험은 피질하(subcortical)와 피질(cortex), 그리고 그 사이 섬엽(insula)의 활성화와 관련이 있다(Peretz & Gagnon, 1999). 피질하 영역에서는 음악을 듣는 동안 정서처리에 깊게 관여하는 편도체(amygdala), 해마(hippocampus), 선조체(striatum) 등을 활성화시키는데, 이때 편도체는 외부 자극을 보상, 혹은 처벌의 가치로 평가하고 공포와 슬픔, 행복을 인식하고 공감하는 역할을 한다. 최근에는 익숙하고 즐거운 음악을 들을 때에도 편도체가 활성화되며 행복을 포함한 다양한 감정과 관련이 있다고 한다(Mueller et al., 2015; Pereira et al., 2011). 해마는 에피소드 기억과 관련된 영역으로 즐거운 음악, 불쾌한 음악, 슬픔을 유도하는 음악, 전율을 경험한 음악에서 활성화가 증가한다. 이러한 음악적 보상으로 슬픈 음악을 감상할 때도 전율과 도취감, 심미적 경험을 할 수 있다(Mitterschiffthaler et al., 2007). 선조체는 신경전달물질인 도파민을 조절하는 데 중요한 역할을 하면서 정서조절에 관여한다(Cardinal et al., 2002).

피질 영역에서는 1, 2차 청각피질(auditory cortex), 안와 전두 피질(orbitofrontal cortex), 전대상회(anterior cingulate cortex)가 정서반응에 관여한다. 1, 2차 청각피질에서는 청각정보를 받아 들여 뇌가 정서처리를 할 수 있도록 하며(Bravo et al., 2017), 안와 전두 피질은 욕구 및 동기와 관련된 정보를 받아들이고 관련 정서와 행동을 조절하게 한다. 즉, 공포와 슬픔을 일으키는 음악자극에서는 이러한 감정을 감소시키기 위해 활성화를 낮추고 즐거운 자극에서는 즐거움에 더 공감하기 위해 활성화가 증가된다(Bogert et al., 2016; Menon &

4. 음악과 정서

Levitin, 2005). 전대상회는 즐거운 음악자극의 중심이 된다(Koelsch et al., 2006). 섬엽은 감정과 의식을 연결하는데 일반적으로 유쾌하고 빠른 음악에서는 좌측 섬엽의 활성화가 크고 느린 음악에서는 우측 섬엽의 활성화가 큰 것으로 관찰된다(Ackermann & Riecker, 2004).

신경영상 기술의 발달은 음악자극에 대한 정서반응의 연구와 임상의 근거를 제공하는 데 큰 역할을 하고 있다. 관련 문헌을 고찰한 권수영과 배미현(2020)은 2018년까지 학술지를 대상으로 검토한 결과 총 32편의 논문을 선정하였는데, 이 중 fMRI를 적용한 연구는 27편, PET를 적용한 연구는 3편, 둘 다 사용한 연구는 2편임을 보고하였다. 최신음악, 고전음악 등 다양한 음악자극이 사용되었고 익숙함, 선호, 공포, 즐거움, 슬픔, 행복, 전율, 보상, 가치평가, 각성 등 음악이 다양한 반응을 유도함을 알 수 있었다.

(2) 피험자의 자기보고를 통한 연구

피험자의 자기보고를 통한 연구는 음악이 인간에게 어떤 정서적 반응을 유발하였는가를 알아보기 위해 피험자가 스스로 음악을 들으면서 경험한 것을 보고하는 방법이다. 다양한 심리검사 척도를 활용하여 음악 경험으로 인해 발생한 정서적 반응을 측정하기도 한다(Shiota & Kalat, 2012). 이상은과 김경숙(2018)은 1999년부터 2014년까지 국내 음악치료 전문 학술지에 사용된 심리검사 측정도구 동향을 살펴본 결과, 한국판 Beck 우울척도, 스트레스 척도, 회복탄력성 척도 등 심리정서 관련 척도들이 가장 많이 사용되었음을 보고하였다. 많은 음악 관련 연구들은 이러한 심리검사 도구를 통한 자기보고 방법으로 진행되고 있다. 이러한 연구를 진행할 경우 사용되는 심리검사 측정도구들은 대상의 연령, 특성 등에 맞게 개발된 적절한 척도를 적용하는 것이 중요하다.

정서반응을 측정하기 위한 척도를 예로 들면, 왓슨, 클라크와 텔레젠(Watson, Clark & Tellegen, 1988)이 개발하고 박홍석과 이정미(2016)가 수정한 정적 및 부적 정서 척도(Korean Version of Positive and Negative Affect Schedule-Revised: K-PANAS-R)가 있다. 이 척도는 총 20문항으로 구성되며 부적 정서를 측정하는 10문항, 정적 정서를 측정하는 10문항을 5점 Likert 척도(1=전혀 그렇지 않다, 5=매우 그렇다)로 평정한다. 예를 들면, 이 척도를 적용하여 음악 감상 이전의 정서와 음악 감상 이후의 정서를 평정하여 음악을 통한 정서 변화 반응을 비교할 수 있다. 문항의 내용은 다음과 같다.

* 다음에 나오는 각 단어는 감정이나 기분을 기술한 것입니다. 각 단어를 읽고, 현재를 포함한 지난 일주일 동안 당신이 느끼는 기분의 정도를 가장 잘 나타낸 곳에 ✓ 표시 하시기 바랍니다.

문항	내용	전혀 그렇지 않다	약간 그렇다	보통 정도로 그렇다	많이 그렇다	매우 많이 그렇다
1	흥미진진한					
2	과민한*					
3	괴로운*					
4	기민한					
5	흥분된					
6	부끄러운*					
7	마음이 상한*					
8	원기 왕성한					
9	강한					
10	신경질적인*					

4. 음악과 정서

11	죄책감이 드는*					
12	단호한					
13	겁에 질린*					
14	주의 깊은					
15	적대적인*					
16	조바심 나는*					
17	열정적인					
18	활기찬					
19	자랑스러운					
20	두려운*					

*부적 정서

(3) 관찰을 통한 연구

관찰을 통한 연구는 음악이 인간에게 어떤 정서적 반응을 유발하는지를 알아보기 위해 음악을 듣는 동안 경험하는 정서를 눈썹과 입꼬리, 표정 변화 등을 관찰하면서 평가하는 것이다(Shiota & Kalat, 2012). 이러한 관찰은 스스로 자신의 경험을 보고할 수 없는 영유아나 환자, 장애인, 치매 노인 등을 대상으로 하는 연구에서 적용될 수 있다. 서보민(2010)은 미숙아를 대상으로 채혈 시 음악을 제공했을 때 울음, 팔의 움직임을 관찰한 결과, 의미 있는 차이를 보였다고 보고하였는데, 이는 미숙아들에게 음악을 제공했을 때 음악을 제공하지 않을 때보다 편안한 상태라는 것을 알 수 있다. 또한 언어적 의사소통이 어려운 중복장애 아동의 경우에도 양육자들의 관찰을 통해 음악이 일상생활에서 정서적 안정감을 준다는 것을 알 수 있었다(정혜선, 2022). 치매 노인의 경우도 자기보고가 어려운 경우 행동 변화를 통해 정서적인 상태를 알 수 있는데 음악이 제공된 경우 긍정정서가 증가됨을 관찰하였다(이도희, 2015).

5. 음악과 학습

"음악은 우리의 기억과 학습에 어떤 영향을 미칠까?"

음악을 들으면 학습에 도움이 될 것인가에 대한 질문은 오래전부터 계속되어 왔다. 라우처 등(Rauscher et al., 1995)은 모차르트 음악을 들었을 때 지능점수가 향상되었다고 한다. 이후 음악은 인간의 인지 기능을 향상시킨다고 믿어 왔지만 현재까지도 이런 영향력에 대한 논란은 계속되고 있다. 이에 대해 많은 연구가들은 음악이 인지 기능을 향상시킨다기보다는 마음을 편안하게 하고 스트레스를 감소시킴으로써 시험점수를 향상시킨다는 의견도 있다. 이는 집중을 해야 하고 스트레스의 감소가 필요한 상황이나 새로운 과제에 집중할 때 음악이 도움이 될 수 있다는 의미이다(Musacchia & Khalil, 2020).

이러한 향상이 가능한 이유는 우리의 뇌는 근육처럼 운동을 통해 변화될 수 있기 때문이다. 이러한 특성을 뇌의 가소성(plasticity)이라고 한다. 가소성이란 뇌가 구조적으로나 기능적으로 변화되고 재구성될 수 있는 능력을 말한다. 클레인과 존(Kleim & Jones, 2008)은 다음과 같이 경험에 의한 가소성의 원리를 말하였다.

사용하지 않으면 사라진다(Use it or lose it).
사용할수록 향상된다(Use it and improve it).
훈련한 것이 변화된다(Specificity).
가소성을 일으킬 만큼 충분한 반복이 필요하다(Repetition matters).

훈련하는 시기에 따라 다른 형태의 가소성이 일어난다(Time matters).

가소성을 일으킬 만큼 충분한 훈련의 강도가 필요하다(Intensity matters).

나이가 적을수록 더 쉽게 일어난다(Age matters).

하나의 훈련 경험에 의한 뇌가소성이 유사한 다른 행동으로 전이될 수 있다 (Transference).

하나의 경험에 의한 뇌가소성이 다른 행동을 방해할 수 있다(Inteference).

많은 연구가는 MRI(Magnetic Resonance Imaging)나 EEG (Electroencephalogram) 등을 통해 음악을 듣거나 연주하는 동안 뇌의 영상 촬영을 하면서 뇌의 다양한 영역이 변화됨을 볼 수 있었다 (Hyde et al., 2009). 음악은 단지 즐거움을 줄 뿐만 아니라 학습을 위해 중요한 부분을 활성화시킬 수 있다. 예를 들어, 악기를 연주하면서 손을 움직일 수 있고, 소리를 들을 수 있으며 정확한 자세를 위해 움직임을 조절할 수 있다. 이처럼 음악활동은 뇌의 다양한 부분을 자극하고 연결함으로써 학습과 관련된 뇌의 다양한 부분을 자극하고 활성화시킬 수 있다(Schlaug, Norton, Overy, & Winner, 2005).

뇌에서 청각적인 영역과 인지, 감각적인 영역 사이의 연결 패턴을 보면 먼저 우리가 음악 연주를 배울 때 보기, 만지기, 듣기, 균형 잡기, 움직이기, 고유수용감각 등 다양한 감각이 활성화된다. 이때, 2개의 연결이 관여할 수 있다. 첫 번째 연결은 손으로 악기를 잡고 연주할 때 소리를 들어야 하고 악보를 보고 이해할 수 있어야 하는 등 다양한 감각을 사용한다. 이러한 다양한 감각 사용이 두뇌의 서로 다른 부분을 자극하여 연결되는 것이다. 두 번째 연결은 악기를 연주할 때 서로 다른 속도와 시간 등이 정확하게 연결되는데, 예를 들어 기타 연주자는 어떤 부분에서 리듬, 멜로디, 박자 등이 변하는지 알고 연주하여야 한다. 이러한 연결을 통해 두뇌의 기능이 향상되고 변화될 수 있다.

6. 음악과 행동

공기의 진동이 고막을 통해 중이, 내이를 거쳐 청각피질에 도달하면 뇌는 청각피질에 도달한 정보를 분석하여 행동하게 된다. 이때 일차 청각피질의 역할은 주파수, 강도, 음색 같은 음향적 속성을 분석하며 몇 초 간의 청각정보를 단기적으로 기억하는 저장소이다. 또한 두 음이 다른가에 대한 소리 관계를 추출하며 이러한 음향적 속성을 지각적 속성으로 변화시킨다. 즉, 주파수는 음고로, 강도는 음량으로 인식하게 된다. 1차 청각피질을 통해 2차 청각피질은 1차 피질에서의 정보를 통해 목소리를 지각하고 말하는 사람을 식별할 수 있다. 이러한 청각적 정보를 운동으로 변환시킨다.

운동과 관련된 뇌의 부분을 살펴보면 먼저 피질이 있다. 피질에는 일차 운동피질(Primary motor cortex: M1), 보조 운동 영역(Supplementary motor cortex: SMA), 전운동 영역(Primotor cortex: PMA)이 있다. 일차 운동피질에서는 수립된 운동 프로그램을 순서대로 실행에 옮기며, 전운동 영역에서는 과거 경험에 의해 형성된 운동프로그램을 저장하고 운동계획을 세운다. 보조 운동 영역에서는 과거 경험에 의해 형성된 운동 프로그램이 저장되며 기억으로부터 순차적으로 리듬을 생성하는 데 관여한다.

이와 함께 기저핵, 소뇌 역시 운동과 관련된 반응에 관여한다. 소뇌(cerebellum)는 뇌의 나머지 부분을 합친 것보다 더 많은 뉴런이 있으며 실제 크기는 작지만 잠재적으로 처리하는 정보와 기능이 많다 (Do Zeeuw et al., 2021). 소뇌는 운동을 통제하는 역할만을 하는 것이 아닌 새로운 운동 프로그램을 확립하거나 운동학습에 관여한다.

또한 기저핵(basal ganglia)은 대뇌 반구 깊숙한 곳에 위치한 구조를 통칭하며 미상핵(caudate nucleus), 피각(putamen), 담창구(globus pallidius)가 있고 서로 정보를 교환하거나 시상 및 대뇌피질과도 정보를 교환한다(김수지, 2022). 이러한 기저핵은 운동의 미세조절 및 억제를 담당하며 이로 인해 완성도 있는 움직임 수행에 중요한 역할을 한다. 이처럼 청각-운동 네트워크(Auditory-Motor Networks)를 통해 음악은 운동 반응을 유발하게 된다. 음악은 이러한 청각 운동 네트워크를 활성화시킬 수 있는데 리듬을 듣는 것은 네트워크의 연결성을 증가시키며(Chen et al., 2008; Fujioka et al., 2012), 음악훈련은 네트워크의 연결성을 강화시킬 수 있다(Grahn & Rowe, 2009).

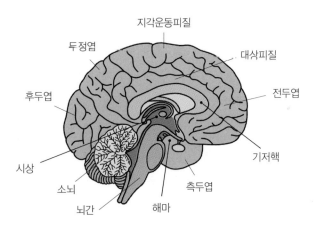

[그림 3-5] 운동반응에 관여하는 뇌의 영역

제4장

음악심리에서 음악심리치료로

———

심리치료란 인간의 정신을 치료하는 것이며, 그 최종 목적은 정신적 안녕(well-being)에 있다(Bruscia, 1998/2006). 이러한 심리치료는 내담자와 치료사와의 관계가 중요하며 대화를 통해 관련 이슈를 풀어 나가는 것이 치료의 핵심이 된다. 그렇다면 음악심리치료는 무엇인가? 음악심리치료는 심리치료에서 사용되는 대화 대신 음악을 사용한다(Bruscia, 1998/2006). 이렇게 음악심리치료는 심리치료에 이론적 기반을 두고 있으므로 기존 심리치료를 이해하는 것이 선행되어야 한다. 이 장에서는 심리치료의 기본적인 개념과 이론을 소개할 것이다.

1. 심리치료

"음악심리치료는 심리치료와 무엇이 다른가?"

1) 심리치료의 정의

심리치료(psychotherapy)는 인간의 총체적인 정신 현상으로 해석될 수 있는 'psycho'와 누군가를 돕거나 치료한다는 의미인 'therapy'의 두 단어가 결합된 용어이다(Bruscia, 1998/2006). 이에 기반해 심리치료를 정의해 보면 심리치료란 인간의 총체적인 정신 현상을 치료하는 것이라고 할 수 있다. 조금 더 쉽게 설명하자면 심리치료란 내담자의 정신적인 문제를 해결하기 위해 치료사가 돕는 것이라고 할수 있다. 그렇기 때문에 심리치료는 내담자와 치료사의 관계가 매우중요하다. 따라서 치료사는 내담자와의 긴밀한 대화를 통해 관계를발전시키도록 노력해야 하며, 치료사와 내담자가 서로 협력하고 책임을 공유하는 동맹 관계가 될수록 치료 효과는 극대화될 수 있다.

2) 심리치료의 목적

심리치료는 내담자의 심리적 문제를 해결하여 정신적 건강을 갖도록 하고 성숙한 인간으로 성장시키는 데에 그 목적을 둔다. 내담자의 심리적 이슈는 크게 두 가지로 나누어 설명할 수 있는데, 첫째,내담자의 억압되어져 있는 무의식을 다루는 것이다. 치료사는 내담자의 억압된 무의식을 의식으로 끌어올려 작업하게 되는데 이를 '의식화 작업'이라고 한다. 둘째, 개인의 다양한 정서적 · 감정적 경험을 들 수 있다. 불안이나 스트레스, 강박 등과 같은 내담자의 일상생활을 불편하게 만드는 모든 정서적 · 감정적 경험에 대해 그 원인과 해결방법을 찾는 것이다. 결과적으로 심리치료의 목적은 대부분 대인관계 회복, 개인적 성장, 감정과 정서적 변화, 초월 및 초개인적 경험, 영적 성장 등 개인의 이슈와 관련된다.

다음은 심리치료에서 적용할 수 있는 치료적 목적들이다.

- 대인관계에서의 문제 해결
- 내적 갈등의 해결
- 감정적 상처의 치료
- 인지적 재구조화
- 통찰력의 제공
- 정서적 안정
- 긍정적 감정과 태도의 변화
- 스트레스 관리
- 내적 자원 인식
- 자기표현
- 삶의 의미 부여
- 자기성장
- 자기실현
- 영적 발달

3) 심리치료의 이론과 철학

현대 심리치료는 다양한 이론을 배경으로 하고 있다. 심리치료의 기본적인 이론적 배경이 되고 있는 프로이트(Freud)의 정신분석에서부터 대상관계이론, 분석심리학, 행동주의, 인본주의 등으로 그 이론이 발전되고 있다.

(1) 정신분석

지그문트 프로이트(Sigmund Freud)는 정신분석의 창시자로서 인간의 정신세계를 과학적으로 규명하려 한 학자이다. 그는 특히 인간의 의식과 무의식 정신구조를 정립하여 인간의 행동을 설명하고자 하였다. 그는 인간의 정신구조 외에도 성격 구조론과 성격의 발달과정을 자신만의 이론으로서 정립하였다(Neukrug, 2010/2017). 비록 성

[그림 4-1] **프로이트**

격의 발달과정 등이 이후 논란이 되기는 했으나 프로이트의 정신분석 이론들은 심리치료에 있어 많은 기여를 해 왔고 현대의 심리치료에도 여전히 영향을 주고 있다.

프로이트는 인간의 정신세계를 의식(conscious), 전의식(preconscious), 무의식(unconscious)의 3층 구조로 나누어 설명하였다. 이것을 '인간의 정신구조'라고 한다. 인간의 정신구조 중 무의식이란 우리가 의식하지 못하는 정신세계 전체를 말하는데, 의식하고 있는 부분보다 훨씬 더 많은 부분을 차지하고 있다. 무의식은 종종 빙산으로 표현되며 표면에 나타난 빙산의 일각인 의식에 비해 훨씬 많은

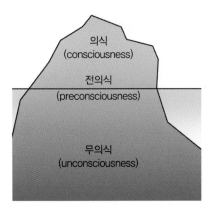

[그림 4-2] 인간의 정신구조

부분을 차지하는 무의식이 물에 잠겨 있는 것으로 설명되곤 한다. 이것은 우리가 의식하는 것 이상의 무의식이 존재한다는 것을 의미한다. 프로이트는 이 무의식을 인간이 감당하기 어렵기 때문에 이를 억압하여 의식으로 떠오르지 못하도록 하는 것이라고 설명하며, 이것은 상처, 수치심, 죄책감, 두려움, 열등감, 충족되지 못한 본능적 소망, 성적 욕구, 공격 욕구 등이 될 수 있다고 한다. 이러한 감정들은 현재의 삶에 문제를 일으키는 원인이 될 수 있으며, 특히 유아기의 성적 욕구와 공격 욕구가 무의식의 대부분을 차지하고 있다고 한다. 따라서 프로이트는 무의식을 의식화하여 이러한 문제들을 재경험해야 하며 이를 통해 다른 방식으로 해결할 수 있어야 한다고 주장한다. 전의식은 무의식과 의식 사이에 존재하는 부분이다. 평소잘 의식하지 못하지만 노력하면 떠올릴 수 있는 기억들을 말한다. 의식은 현재 경험하고 인식할 수 있는 모든 것을 말한다.

　프로이트의 성격 구조론은 인간의 성격을 이드(id), 자아(ego), 그리고 초자아(superego)로 나누어 설명한 이론이다. 이드는 선천적으로 가지고 태어나는 가장 기본적인 인간의 충동을 말하는데, 이는

[그림 4-3] **성격의 구조**

성적 욕구, 공격 욕구, 의존 욕구, 음식에 대한 욕구 등의 쾌락 원칙을 따르는 본능적인 욕구가 포함된다. 즉각적인 만족을 추구하고 고통을 피하려 하며, 자기중심적이고 비현실적인 일차적인 욕구를 말한다. 음식에 대한 욕구를 참지 못하거나 게임에 몰두하느라 학업이나 직장 등의 업무를 제대로 수행하지 못하는 경우도 이 일차적인 이드의 쾌락 원칙에 지배당한 것이라고 할 수 있다. 이드는 쾌락 원칙에 지배당할 때 부정적인 결과를 초래하나 너무 억압당하면 오히려 차갑거나 무기력한 사람이 될 수 있다. 자아는 성격을 외현화하는 다양한 인지적 기능을 말하는데, 이는 합리적이고 이성적인 사고를 하여 현실에 적응할 수 있도록 한다. 초자아는 도덕적 가치, 사회적 가치와 관련되어 사회적 인간으로 살아가도록 돕는 기능을 하지만 초자아가 엄격할수록 열등감과 죄책감 등에 사로잡힐 수 있다. 프로이트는 이드, 자아, 초자아가 서로 협력하고 투쟁하는 정신역동적 과정을 통해 다양한 인간의 행동이 나타난다고 주장했다. 즉, 자아는 본능인 이드와 도덕적 가치인 초자아 사이에서 적절한 해결점을 찾아 자신의 욕구를 충족시키려고 한다는 것이다. 프로이트는 자아가 약하거나 이드와 초자아의 균형이 잘 맞지 않는 경우 인간은 불안이나 부적응행동이 나타난다고 한다.

1. 심리치료

또한 프로이트는 성 에너지의 원천에 따라 심리성적 발달단계를 설명하였고, 결과적으로 어린 시절의 경험이 성격 형성에 중요한 영향을 끼친다고 하였다. 특히 어린 시절 양육자와의 긴밀한 상호작용을 통한 욕구의 충족은 성격 형성에 있어 결정적인 요인이 된다고 했다(Neukrug, 2010/2017).

〈표 4-1〉 **프로이트의 심리성적 발달단계**

발달과정	내용
구강기 (생후~1세)	구강에서 쾌락을 얻고 부모에게 보살핌을 받으며 타인에게 의존적인 것이 특징이다. 수유 경험이 중요하여 이후 애착과 같은 발달에 중요한 영향을 끼친다.
항문기 (1~3세)	항문에 관심이 집중되는 배설의 단계이다. 이 시기에 부모에 의한 배변 훈련은 성격 발달에 중요한 영향을 끼친다. 잘못된 배변 훈련은 강박성, 완벽주의, 죄책감, 양가감정, 분노, 반항 등을 일으킬 수 있다.
남근기 (4~6세)	성기에 관심이 집중되면서 이를 통해 만족을 경험하는 단계이다. 자신의 부모와 동일시되면서 오이디푸스 콤플렉스와 엘렉트라 콤플렉스를 경험한다.
잠복기 (6~12세)	성적 관심이 잠시 잠복되는 시기로 사회문화에 관심을 갖고 또래와 어울리는 등 사회적 경험에 집중된다.
성기기 (12~20세)	사춘기에서 성인 시기이며 성적인 관심이 많아지고 성적 쾌락을 추구한다.

정신분석은 치료사와의 대화를 통해 내담자가 자신의 문제를 인식하고 재경험하며 해결과 통찰의 과정을 갖는 것을 목표로 한다. 이러한 결과는 치료사와 내담자 간 대화에서 내사, 투사, 동일시, 투사적 동일시, 전이, 역전이, 저항, 방어기제 등을 사용함으로써 나타나는데, 〈표 4-2〉는 정신분석의 주요 개념에 대한 설명이다.

〈표 4-2〉 **정신분석의 주요 개념**

주요 개념	내용
내사	타인의 생각이나 가치관, 태도 등이 내 안으로 들어오는 것을 말한다. 아동의 경우 부모의 가치관과 태도를 닮는 것을 의미하며, 학대당한 피해자가 피해자의 모습뿐만 아니라 가해자의 모습도 내사할 수 있다.
투사	자기 안에 있는 인정하고 싶지 않은 감정을 다른 사람에게 씌우는 것을 말한다.
동일시	다른 사람의 감정이나 행동을 자신의 것으로 느껴 유사하게 되고자 하는 바람으로 모방하는 것을 말한다. 아이는 부모의 모습을 동일시할 수 있다.
투사적 동일시	내담자가 자신의 감정을 치료사에게 투사하고 치료사는 그 감정을 자신의 감정이 맞다고 간주하는 것이다. 내담자가 치료사를 조정하려는 의도이다.
전이	전이는 이동(transfer)의 의미이다. 과거의 관계를 현재에서 다루는 것을 말한다. 즉, 과거에 대처했던 방식을 현재에서 다시 반복하는 것을 뜻한다.
역전이	내담자의 반응에 대한 치료사의 무의식적 반응을 말한다.
저항	방어기제 중 하나로서 치료를 방해하는 모든 것을 의미한다.
방어기제	인간은 불안을 느낄 때 자신을 보호하기 위해 방어기제를 작동시킨다. 방어기제는 종종 치료를 방해하기도 하지만 인간 스스로를 지켜 내기 위한 필수적인 기능이기도 하다. 방어기제에는 억압, 거부, 반동현상, 합리화, 퇴행, 보상 등이 있다.
자유연상	내담자가 순간적으로 떠오르는 감정이나 생각, 대상, 사건 등을 있는 그대로 이야기하도록 하여 무의식에 억압되어 있는 것들을 규명해 나갈 수 있도록 하는 정신분석치료 기법 중의 하나이다.
꿈 해석	꿈의 내용을 분석함으로써 내담자의 무의식을 이해하려는 정신분석치료 기법 중의 하나이다.

1. 심리치료

(2) 대상관계이론

대상관계이론은 프로이트가 제안한 '대상관계'에서 시작한 개념으로 이후 멜라니 클라인(Melanie Klein), 위니컷(Winnicott), 페어바이른(Fairbairn), 발린트(Balint) 등에 의해 발전되었다. 영국에서 시작된 이 이론은 주로 관계 형성에 어려움을 보이는 사람을 위해 정신역동적 접근을 시도하면서 발전되었으며 갈등이론에서 시작하여 결핍이론으로 변화되었다(Detrick & Detrick, 1989). 대상관계이론은 어린 시절의 경험이 이후 전 생애에 걸쳐 다른 사람과의 관계에 영향을 준다는 것에 기본 전제를 둔다. 대상관계이론은 주양육자인 '어머니'의 역할에 대한 중요성을 강조하는데, 영아의 심리적 욕구를 충분히 채워 주지 못한 양육자의 양육방식이 영아의 발달을 저해시킨다고 여긴다. 따라서 치료의 목적은 내담자에게 '충분히 좋은 어머니'의 경험을 제공하여 내담자의 지각을 변화시키는 것이며, 이것은 치료사가 내담자의 근심과 생각, 감정을 잘 수용해 줄 때 성취할 수 있다고 주장한다. 대상관계이론에서 대상은 어머니를 포함한 의미 있는 타인을 말한다. 내담자는 주 양육자와의 상호작용 경험을 내면화하면서 자기표상을 갖게 되며, 주 양육자를 포함한 의미 있었던 대상과의 상호작용을 내면화하면서 대상표상을 형성하게 된다. '좋은 어머니'는 자기표상을 긍정적으로 내면화하게 해 주며 신뢰감과 안정감을 갖게 한다. 반면, '나쁜 어머니'는 자기표상과 대상표상을 부정적으로 내면화하게 하여 낮은 자존감과 부정적인 정서를 갖게 하고 결과적으로 대인관계에 있어 어려움을 겪게 한다. 즉, 대상관계이론은 현재의 대인관계 성향은 어린 시절의 경험으로부터 비롯된다는 데에 그 기본 전제를 두고 있다. 예를 들어, 어린 시절 학대를 경험한 피해자는 피해자와 가해자를 내면화하여 성인이 된 이

후 인간관계에서 무의식적으로 피해자와 가해자의 관계를 형성할
수 있다는 것이다.

〈표 4-3〉 대상관계이론의 주요 개념

주요 개념	내용
자기표상	자기 자신에 대한 심리내적 상(image)이다. 어린 시절 경험한 자기 자신에 대한 이미지로서 긍정적인 자기표상은 높은 자존감을 형성할 수 있다.
대상표상	타인에 대한 심리내적 상(image)이다. 다른 사람에 대한 기본적인 기대, 감정, 신념 등으로서 대인 관계에 영향을 준다.

(3) 분석심리학

분석심리학은 카를 구스타프 융(Carl Gustav Jung)에 의해 창시된
이론이다. 융은 프로이트의 제자였으나 프로이트와의 다른 견해로
독자적인 이론을 발전시키게 된다. 융은 무의식을 이해하는 것이
인간의 성장에 가장 핵심이라고 강조하면서 집단무의식(collective
unconscious), 원형(archetype), 콤플렉스(complex), 그림자(shadow),
페르소나(persona), 아니마(anima)와 아니무스(animus) 등의 개념을
확립하여 자신만의 이론을 발전시키게 된다.

집단무의식이란 인간이 태어날 때부터 가지고 있는 본능적인 반
응 양식을 의미하며, 역사 또는 문화적으로 유전되어 공통적으로 가
지고 태어난 인류의 정신적 자료이다. 집단무의식을 구성하는 원형
은 신화나 꿈, 환상, 예술, 민속 등으로 반복적으로 나타나는 상징을
통해 표현되는데, 예를 들어 어머니의 원형은 이브일 수 있다. 이처
럼 인간의 원형은 신화 속의 신, 악마, 현자, 사기꾼, 영웅, 지도자 등
으로 다양하게 나타날 수 있다. 인간은 이러한 원형을 유전적으로
물려받으며 집단무의식을 갖게 되는데, 이러한 인간의 반응 양식은

[그림 4-4] 카를 구스타프 융

인류가 시작되면서부터 시작된 모든 잠재된 것들이며, 이러한 집단무의식은 인간의 성격에 기초를 이루게 된다.

콤플렉스는 정신적 상처(trauma), 즉 정신적 충격 같은 것을 의미한다. 콤플렉스는 개인의 약점이나 아픈 곳이 건드려지는 것이며, 이는 열등감을 일으킬 수 있다. 콤플렉스는 개인의 사고를 방해하고 당황하게 하거나 화를 내게 하며, 상처를 받게 한다. 즉, 건드려졌을 때 아픈 곳이 콤플렉스라고 할 수 있다. 예를 들어, 외모나 학벌에 콤플렉스가 있는 경우 누군가 그곳을 건드리면 필요 이상으로 화를 낼 수 있다.

그림자는 무의식적 측면에 있는 나의 분신으로 나, 즉 자아(自我)의 어두운 면을 말한다. 이는 또 하나의 내가 있어 나도 모르게 실수를 하게 해서 자신이 의식적으로 지향하고 있는 것과 전혀 다른 모순된 행동을 하게 한다. 내가 알고 있는 나만을 나의 전부라고 생각하고 그러한 나만을 내세우면 바로 그 밑바닥의 자신의 모습을 모르게 된다. 평소 도덕적인 결백을 신조로 내세우는 사람이 성적인 추문을 일으키는 경우가 그 예가 될 수 있다.

페르소나는 원래 고대 그리스 연극에서 배우들이 쓰던 가면으로 체면, 사명, 역할, 본분, 도리와 같은 집단 정신의 한 단면을 뜻한다. 도덕적 위선을 내포하는 것은 아니며 어른의 체면, 교육자의 체면, 선생의 체면, 숙녀의 체면 등을 의미한다. 이는 직업상 지켜야 할 규범으로 의사의 사명, 학생의 본분, 아들 된 도리, 주부의 역할 등으로 설명될 수 있다. 우리나라의 탈춤처럼 어떤 사람이 부모의 탈을 쓰면 부모의 역할을 하고, 신하의 탈을 쓰면 신하가 되는 것처럼 인간이 집단 속에서 살아가는 데 있어서 여러 개의 탈을 썼다가 벗었다가 하면서 살고 있다는 뜻이다. 페르소나가 적절하게 기능할 때 우리는 사회에 잘 적응하는 것으로 보며 페르소나가 적절하게 기능하지 못할 때 사회부적응적인 모습을 보인다고 할 수 있다.

남성의 무의식 속에 있는 여성적 요소를 아니마라고 하며, 여성의 무의식 속에 있는 남성적 요소를 아니무스라고 한다. 아니마와 아니무스를 통해 인간은 이성 간의 사랑에서 강렬한 황홀감을 느끼게 되는데, 이 아니마와 아니무스는 상대방을 이 세상의 둘도 없는 영웅이나 선녀, 현자로 느끼게 한다. 그러나 이때 인간은 실제로는 현실적인 상대를 보고 있는 것이 아니라 자기의 무의식에서 투사된 아니마와 아니무스를 보고 있는 것이며, 신화에 나오는 영웅상, 선녀, 성자상과 같은 것을 보고 있는 것이다. 따라서 첫눈에 반했던 이성에게 시간이 흘러 실망했다면 그것은 실제로 상대방이 변한 것이 아니라 자신의 아니마와 아니무스에 의해 상대방을 인식했었기 때문인 것이다.

〈표 4-4〉 분석심리학의 주요 개념

주요개념	내용
집단무의식 (collective unconscious)	인류에게 본능적으로 유전되는 인간의 행동 양식으로 신화나 꿈, 환상, 예술, 민속과 관련이 있다.
원형 (archetype)	집단무의식을 구성하는 것들로서 신화 속의 신, 악마, 현자, 사기꾼, 영웅, 지도자 등이 있다.
콤플렉스 (complex)	약점 또는 아픈 곳으로 정신적인 상처(trauma)와 같은 것이다.
그림자 (shadow)	나(自我)의 어두운 면, 즉 무의식적인 측면에 있는 나의 분신으로서 나도 모르는 또 하나의 '나'가 있어 평소와 전혀 다른 행동을 하도록 한다.

1. 심리치료

페르소나 (persona)	체면, 사명, 역할, 본분, 도리와 같은 집단 정신의 한 단면이다. 도덕적 위선을 내포하는 것은 아니며 한 인간이 여러 개의 페르소나를 번갈아 사용할 때 사회에 잘 적응한 것으로 간주한다.
아니마(anima), 아니무스(animus)	남성의 무의식 속에 있는 여성적 요소를 아니마라고 하며, 여성의 무의식 속에 있는 남성적 요소를 아니무스라고 한다. 이성 간 사랑을 느낄 때 남성은 자신의 아니마를, 여성은 자신의 아니무스를 상대에게 투사하여 실제와 다른 상대로 인식하게 된다.

(4) 행동주의와 인지행동주의

지난 세월 동안 심리학과 심리치료는 행동주의에 기반을 두고 발전하였다. 행동주의는 인간의 정신을 과학적인 입장에서 설명하려는 시도로서 실험과 관찰에 의한 검증을 지향하는 운동이다. 심리학과 심리치료는 신비주의에서 벗어나 과학적 사고에 대한 신념을 강조하게 되었다. 즉, 심리학은 더 이상 인간의 의식에 기반을 두지 않고 인간의 객관적 행동에 초점을 둔 학문으로 발전하였다. 이러한 이론적 배경에 따라 초기 행동주의는 물리적으로 측정할 수 없는 행동은 인정하지 않았다(Baars, 1986). 즉, 심리학자들은 인간 의식에 대한 분석보다는 객관적인 연구, 실험 설계, 그리고 실험 결과에 대한 통계적 분석과 같은 과학적 방법을 사용하여 인간행동을 설명하려고 하였다(Wilson, 2000). 그렇다 하더라도 심리학자들이 인간의 내적인 사건이 인간행동에 영향을 미치는 것 자체를 부정하는 것은 아니다. 그들은 인간의 내적인 사건을 관찰 가능한 객관적인 방법으로 설명하려고 한 것이다(Darrow, 2004/2006). 대표적인 방법으로 고전적 조건화 법칙, 조작적 조건화 법칙, 그리고 사회학습이론 등이 있다.

고전적 조건화 법칙은 특정 자극에 대해 대상자가 반응함으로써 행동이 학습된다는 학습이론으로 러시아의 생리학자 이반 페트로비치 파블로프(Ivan Petrovich Pavlov)의 연구에 기초한다. 파블로프는 개가 식사시간을 알리는 종소리만을 들었을 때도 침이 분비된다는 것을 관찰하고 종소리라는 조건부 자극에 침과 같은 무조건적 반응이 나타나는 원리를 행동치료에 응용하였다. 즉, 종소리와 음식을 짝을 지어 반복해서 제시하면 개는 침을 분비하는데, 이 과정을 반복하면 음식이 제공되지 않아도 종소리만으로도 침을 분비하는 조건과 그 과정을 행동치료에 응용한 것이다. 즉, 행동 전에 특정 자극을 주면 그 행동을 유발할 수 있다는 이론이다.

조작적 조건화 법칙은 미국의 심리학자 버러스 프레데릭 스키너(Burrhus Frederic Skinner)의 연구에 기초한다. 그는 그 당시 다른 심리학자들이 인간 내면이나 정신 분석에 초점을 맞춘 것과는 달리 관

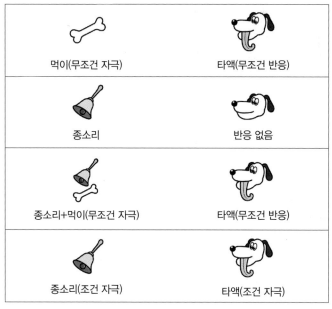

[그림 4-5] **파블로프의 실험**

1. 심리치료

찰 가능한 행동에 대한 연구에 몰두하였다. 그는 실험을 통해 쥐가 먹이를 먹기 위해 지렛대를 조작하는 것을 발견하고 '조작적 조건화 법칙' 이론을 확립했다. 조작적 조건 형성의 핵심은 선행 조건, 행동, 결과의 세 가지 구성요소이며, 강화와 처벌이 행동의 결과에 어떤 영향을 미치는지를 설명하고 있다. 행동에 대한 강화는 행동의 빈도를 높이는 반면, 처벌은 행동의 빈도를 줄이거나 억제한다는 것이다. 이 이론은 교육환경에서 긍정적인 강화를 사용해 학습자의 학습을 촉진하도록 하고, 부적응행동을 보이는 학습자의 행동을 수정하는 데 중요한 원리로 사용되었다.

[그림 4-6] 스키너의 상자

스키너의 조작적 조건화 법칙은 이후 응용행동분석(Applied Behavior Analysis: ABA)에 영향을 주었다. 응용행동분석은 세 가지 단어가 합성된 말로서 각각의 중요한 의미를 포함하고 있다. '응용적'이라는 것은 사회적으로 의미 있는 행동을 말한다. 즉, 대상자가 사회에서 잘 적응할 수 있도록 그 행동을 교정하는 것을 의미한다. 응용행동분석에서 '행동적'이라는 것은 측정 가능한 행동을 의미한다. 관찰 가능하고 객관적으로 측정 가능한 행동을 강조한 단어이다. 마지막으로 '분석적'이라는 것은 중재와 결과 사이의 기능적 관계를 설명하는 것을 말한다. 즉, 조작된 사건과 목표 행동 간의 객관적 관계를 증거로 수집하는 것을 의미한다. 이와 같은 원리 아래 응용행동분석은 어떤 특정한 행동을 긍정적인 방향으로 변화시키기 위해 가설을 세우고 관찰을 통해 가설을 객관적으로 검증하는 방법을 일컫는다. 그러나 응용행동분석은 당시 자폐인들의 특징적인 문제 행동을 교정하기 위한 시도로 과도한 통제나 신체적 체벌과 같은 혐오 자극을 사용하고 근원적인 문제 해결보다는 표면적인 행동의 교정에 그친다는 비판을 받게 된다.

한편, 사회학습이론은 외적 자극과 외적 강화, 그리고 인지적 매개 과정이 서로 상호교류하여 행동을 유발한다는 기본 가정을 갖는 이론이다. 대표적인 학자 앨버트 반두라(Albert Bandura)는 행동수정이론, 관찰학습, 자기효능 등을 설명하며, 인간이 타인의 행동을 모방하면서 학습하는 관찰학습이론을 발표하였다. 또한 그는 관찰학습과 더불어 인간의 행동은 자기효능감이 전제되어야 함을 주장했다. 특별한 보상이나 직접적인 지시가 없더라도 자기효능감이 있는 경우 모델링을 통해 학습이 가능하다고 보는 것이다. 관찰학습을 통해 학습된 내용은 자기효율성을 통해 강화되며 행동의 변화를 이끌어낸다는 이론이다. 이러한 자기효능감은 상황을 통제하여 원하는 행동의 변화를 가져오게 하는 개인의 신념이나 기대를 의미하는 것으로, 사회학습이론에서 중요한 개념이다.

행동주의가 인간의 행동과 결과 사이의 관계에 초점을 둔 이론이라면 인지행동주의는 사고의 변화와 행동 및 정서 변화와의 관계에 초점을 둔 이론이다. 즉, 인지행동치료(Cognitive Behavioral Therapy: CBT)는 개인의 왜곡된 사고를 합리적인 사고로 전환시키는 데에 목적이 있다. 이들은 모두 개인의 문제를 겉으로 보이는 각각의 행동으로 보는 것이 아니라 그 사람의 사고 전체에 관심을 둔다. CBT는 행동주의와 인지주의의 기본 원리를 조합한 이론으로, 개인의 사고와 행동 방식에 이의를 제기하며 불합리한 인지, 정서, 행동들을 적응적인 것으로 바꾸는 데에 초점을 둔 치료 기법이다. 대표적인 인지행동주의이론으로 엘리스(Albert Ellis)의 합리적 정서치료와 벡(Aron Temkin Beck)의 인지치료가 있다. 엘리스는 비합리적 신념체계의 변화를 시도하며, A-B-C 이론을 설명하고 있다. 정서와 행동을 발생시키는 선행사건(activating event)은 합리적 신념(rational belief)이나 비합리적 신념(irrational belief)을 갖게 하고, 합리적 신념은 긍정적 정서와 행동의 결과(positive consequence)를 가져오며 비합리적 신념은 부정적 정서와 행동의 결과(negative consequence)를 가져온다는 것이다(Seligman & Reichenberg, 2013/2014).

한편, 벡(Beck)은 역기능적 사고의 체계를 재구성하는 것을 강조하며, 치료는 개인의 부정적인 사고와 자동적 사고, 인지적 오류, 그리고 역기능적 인지 도식을 찾아 새로운 사고체계로 재구성하는 데에 그 목적이 있다고 설명한다. 벡의 치료 방법에서는 내담자가 자신의 부적응적인 사고와 신념체계를 인식하고 이를 새롭게 변화시켜야 함을 강조한다. 벡의 인지치료는 특별히 우울 증상이 있는 내

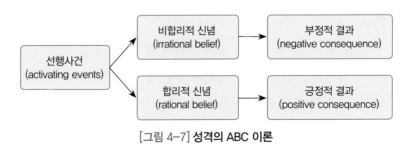

[그림 4-7] 성격의 ABC 이론

담자와의 치료에서 긍정적인 결과를 보이는 것으로 알려져 있다. 내담자의 우울 증상 기저에 있는 자동적으로 작동되는 부정적 사고에 대해 새롭고 긍정적인 인지를 할 수 있도록 도와 치료적 결과를 가져오게 한다. 〈표 4-5〉는 인지적 오류의 유형을 설명한 것이다.

〈표 4-5〉 인지적 오류의 유형

유형	내용
임의적 추론 (arbitrary inference)	어떤 결론을 지지하는 증거가 없거나 그 증거가 위배됨에도 불구하고 마음대로 결론을 내림.
선택적 추상화 (selective abstraction)	중요한 내용은 무시하고 오히려 사소하거나 특정 정보에만 집중함.
과잉 일반화 (overgeneralization)	한두 번의 경험만을 근거해 모든 상황에서 결론지으려 함.
개인화 (personalization)	자신과 관련 지을 근거가 없음에도 주위 사건들을 자신과 관련 있다고 생각함.
흑백논리 (dichotomous thinking)	모든 사건을 한두 개의 범주로만 이해하여 중간 지점이 없이 양극단의 이분법적 사고로 해석함.
의미의 과장과 축소 (maganificaion/ minimization)	어떤 사건에 대해 극단적으로 의미를 확대하거나 축소하여 평가함.
정서적 추론 (emotional reasoning)	자신의 경험이나 느낌만을 근거로 하여 다른 여러 상황을 판단함.
긍정 격하 (disqualifying the position)	자신의 긍정적인 경험이나 능력을 객관적으로 평가하지 않고 부정적인 경험으로 전환하거나 낮추어서 평가함.
재앙화 (catastrophizing)	어떤 사건에 대해 지나치게 과장하여 비관적으로 생각함으로써 두려움에 사로잡힘.
잘못된 명명 (mislabeling)	하나의 행동이나 부분적 특성에 대해 지나치게 부정적으로 해석하여 명명함.

출처: Seligman & Reichenberg (2014).

(5) 인본주의와 초개인주의

인본주의는 인간이 자신의 문제를 스스로 해결할 수 있고 잠재력을 실현하여 삶을 긍정적으로 변화시킬 수 있는 능력을 가진 자율적인 존재라고 보는 심리치료 이론으로서(Schneider et al., 2001), 정신분석과 행동주의의 반동으로 나타났다. 이러한 인본주의는 개인의 성장과 자아실현을 추구하는 것을 기본 원리로 두며, 심리치료에서부터 교육 분야와 기타 사회 분야에 이르기까지 다양한 영역에 영향을 끼쳤다. 인본주의의 대표 학자인 칼 랜섬 로저스(Carl Ransom Rogers)의 성격이론과 에이브러햄 해럴드 매슬로(Abraham Harold Maslow)의 욕구이론은 인본주의 심리학에 지대한 영향을 주었다. 칼 로저스의 성격이론은 인간이 선천적으로 자기실현을 하려는 욕구와 능력을 가지고 있다는 데에 전제를 두며, 그가 개발한 인간중심치료는 내담자가 스스로 성장하려는 의지를 갖도록 하는 데에 중점을 둔다(Runco, 1999). 개인의 내적 가치는 이러한 성장 의지에 동력이 되는데, 이는 내담자 스스로 자신에 대해 어떻게 지각하느냐에 따라 결정된다고 한다. 성격이론은 개인의 실제적 자기와 이상적 자기의 일치 여부에 따라 심리적 부적응이 나타난다고 간주하며 부적응과 적응 모형을 제시하였다.

한편, 심리학자 매슬로는 인간에게는 본능적으로 충족되어야 할

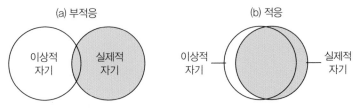

[그림 4-8] **부적응과 적응 모형**

욕구가 존재하며 이 욕구가 충족되지 못할 경우 개인의 삶에 부정적 영향을 끼친다고 주장했다. 그는 인간이 본능과 관련된 생존 욕구에서부터 자기실현의 최상위 욕구를 충족할 때까지 발달한다는 욕구위계이론을 발전시켰다. 욕구위계이론의 1단계는 생리적 욕구로서 생존과 관련된 기본적인 욕구를 말한다. 식욕, 수면 욕구, 성욕 등 의식주와 관련된 욕구가 포함된다. 2단계는 안전의 욕구로 외부의 위험으로부터 정신적으로나 신체적으로 보호받고자 하는 욕구를 말한다. 3단계는 애정과 소속감의 욕구로 사회적 욕구라고도 한다. 인간은 누구나 사회적 관계를 갈망하며 어떠한 집단에 소속되고 사랑받기를 바란다는 것이다. 4단계는 존중의 욕구로 타인에게 인정받고 존중받고 싶어 하는 욕구를 말한다. 5단계는 최종 단계로써 자아실현의 욕구이다. 인간 스스로 잠재력을 발휘하여 자기완성을 실현하려는 욕구의 최상위 단계이다. 매슬로의 욕구위계이론은 단계적으로 욕구를 충족해 나가지만, 하위 욕구가 충족되지 않아도 상위

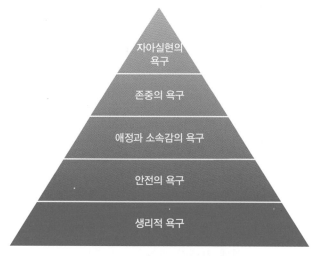

[그림 4-9] **매슬로의 욕구위계이론**

1. 심리치료

단계의 욕구를 충족시켜서 자아실현을 완성할 수 있다. 인본주의 심리치료는 인간이 이러한 과정들을 통하여 진보할 수 있도록 돕고자 하는 치료 방법으로 인간에 대한 무조건적이고 긍정적인 존중을 기본 전제로 하고 있으며, 진정성(genuineness), 공감(empathy), 수용(acceptance)의 세 가지를 필수 요소로 정의하고 있다.

한편, 초개인적 심리학은 인본주의 심리학을 확장한 이론으로 내담자의 기본적 욕구뿐 아니라 정서적, 정신적, 영적 욕구에도 관여한다. 이 이론은 인간이 모든 욕구를 채움으로써 전체로서의 자신을 이해하고 최상의 수준의 정체성에 이르러 결국 자기실현을 성취한다는 전제를 갖는다. 초개인적 심리치료의 주요 목적은 내담자로 하여금 자신들의 내적 자원을 인식하도록 하는 것이다(Vaughan, 1979). 초개인적 심리학자들은 모든 내담자가 스스로 성장하고 발전할 수 있는 잠재력이 있다고 간주한다는 점에서 인본주의적 입장과 유사하다. 치료사는 내담자의 문제 해결 방법을 직접 제시해 주는 것이 아니라 그들을 지지하고 공감하여 내담자 스스로 문제 해결 방법을 찾을 수 있도록 도와준다. 이러한 초개인적 심리학은 신화, 원형, 상징 등의 심상과 꿈을 통하여 개인이 자기초월을 하도록 한다.

2. 음악심리치료

"음악이 어떻게 심리치료의 도구가 될 수 있을까?"

음악이 어떻게 심리치료의 도구가 될 수 있을까? 심리치료는 인간의 정신적 안녕을 위해 치료적 개입을 하는 것이며, 주로 내담자와 치료사 간의 대화를 통해 치료의 실마리를 해결해 나간다. 이때 대화는 내담자의 이슈를 드러내고 갈등을 처리하며 이를 해결하고 통찰하기까지 매우 중요한 수단이 된다. 한편, 음악심리치료란 음악을 사용하여 심리치료를 하는 것, 즉 음악 경험 안에서 인간의 정신을 치료하는 것으로 정의할 수 있다. 음악심리치료가 기존의 심리치료와 다른 점은 전통적인 심리치료에서는 대화가 필수적인 것으로 간주되어지는 반면, 음악심리치료는 음악이 대화를 대신하거나 대화에 음악이 추가되어 사용된다는 것이다(Bruscia, 1998/2006). 즉, 음악심리치료란 심리치료적인 이론에 다양한 음악과 음악치료 기법들을 적용하여 내담자의 심리적 문제를 해결하는 것이라 정의할 수 있다. 이때 음악치료사는 내담자에게 적절한 음악 경험을 제공해 주면서 치료적 관계에서 발생하는 다양한 전이와 역전이를 처리해 나가게 된다.

1) 음악, 치료사, 내담자의 관계

심리치료에서 중요한 것은 내담자와 치료사와의 관계, 즉 대인관계이다. 심리치료에서 치료사와 내담자는 다양한 형태의 관계를 맺게 된다. 치료사는 내담자를 공감해 주고 인정해 주는 등 지지적인 관계를 형성한다. 또는 내담자의 과거 경험을 재현하기 위해 가해자의 역할을 할 수도 있다. 이와 같이 심리치료에서는 내담자와 치료사와의 관계가 매우 중요한데, 음악심리치료에서는 이 관계에서 '음악'이라는 요인이 하나 더 추가된다. 이때 음악은 내담자의 과거 경험이나 기억 등을 의식화하는 데에 매우 중요한 역할을 하게 된다. 제2의 치료사라고 말할 수 있을 만큼 음악심리치료에서 음악의 역할은 중요하다. 따라서 음악의 선택은 매우 중요한데, 이 때 고려되어야 할 사항으로 내담자가 가지고 있는 이슈의 내용과 수준, 내담자의 심리적인 단계, 그리고 내담자의 개인적인 배경 등 매우 다양한 요인이 있다. 이러한 내담자의 특성에 따라 음악의 전반적인 분위기, 장르, 시대, 연주되는 악기, 곡의 전개, 가사의 내용, 가수의 성별 등 다양한 조건을 고려하여 음악을 선택해야 한다. 이렇게 선택된 음악은 치료사, 내담자 요인과 함께 음악심리치료에서 필수적인 요소로서 작동하며, 이 세 개의 요인들은 서로 역동적인 관계를 맺으며 내담자의 문제 해결을 위해 기능하게 된다(Bruscia, 1998/2006).

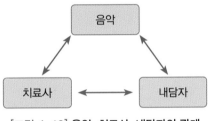

[그림 4-10] 음악, 치료사, 내담자의 관계

2) 음악과 언어 사용 수준

음악심리치료는 음악이 어느 정도 역할을 하느냐에 따라 네 가지 수준으로 분류된다(Bruscia, 1998/2006). 첫 번째 수준은 음악이 심리치료 그 자체로 사용되는 경우(music as psychotherapy)이다. 내담자의 심리적인 문제를 다루기 위해 음악적 경험만을 사용하는 것을 의미한다. 즉, 음악을 통해 문제를 진단하고 음악적 변화로써 내담자의 문제를 해결해 나가는 것을 말한다. 예를 들어, 내담자는 악기를 연주하는 경험을 통해 자신의 실제 문제가 무엇인지를 깨닫게 되고,

마찬가지로 음악 경험을 통해 문제를 해결하거나 통찰하게 된다. 이 때 대화를 사용할 수 있지만 대화는 최소화되며 간단한 표현을 하는 데에 사용되거나 음악적 경험을 돕는 역할로만 사용된다. 즉, 음악 자체가 심리치료의 매체가 되며, 언어는 치료의 매체로 전혀 사용되지 않고 음악이 모든 것을 해결하게 된다. 대표적인 방법으로 창조적 음악치료 모델(Creative Music Therapy 또는 Nordoff Robbins Model: NR)을 예로 들 수 있다. 창조적 음악치료는 작곡가 폴 노르도프(Pual Nordoff)와 특수교육학자 클라이브 라빈스(Claive Robbins)가 개발한 음악치료 즉흥연주 모델 중의 하나로, 초기에는 언어적 소통이 어려운 장애아동을 위해 개발되었으나 최근에는 일반 성인의 심리치료적인 방법에도 적용되고 있다.

두 번째 수준은 음악이 중심이 되는 심리치료의 수준(music centered psychotherapy)이다. 음악 자체가 주(main)가 되고 언어는 음악적 경험을 강화하고 명료화시키기 위해 사용한다. 예를 들어, 음악을 감상하는 동안 경험한 심상에 대해 대화를 통해 표현하면서 내담자 스스로 자신의 문제를 인식하고 스스로 해결 방법을 찾아가는 음악 경험을 들 수 있다. 이때 음악은 관련된 심상을 떠올리도록 하는 중요한 역할을 하고 언어는 이를 명료화시키는 역할을 하게 된다. 대표적인 음악심리치료 방법으로는 음악과 심상(Guided Imagery and Music: GIM)을 들 수 있다. 음악과 심상 기법은 고전음악을 감상하는 동안 일어나는 심상 경험을 통해 내담자의 문제를 해결해 나가는 접근 방법으로서 헬렌 바니(Helen Bonny)에 의해 개발된 음악심리치료 방법이다(Bonny, 1987).

세 번째 수준은 심리치료 안에서 음악이 사용되는 경우(music in psychotherapy)이다. 음악과 언어의 역할이 동등하거나 혹은 교대로 사용되지만 핵심적 역할은 음악이 하게 된다. 언어는 통찰을 위해 사용된다. 예를 들어, 분노라는 주제를 가지고 즉흥연주를 하고 난 후 '왜 이렇게 연주를 했는지'에 대해 깊은 토의를 할 수 있다. 토의를 통해 내담자는 자신의 문제를 인식하고 통찰하게 된다. 대표적인 음악심리치료 방법으로는 분석적 음악치료(Analysis Music Therapy: AMT)가 있다. 분석적 음악치료는 메리 프리슬리(Mery Priestley)가 창시한 기법으로 소리 표현 형식의 즉흥연주 모델이다.

마지막은 심리치료에 음악이 사용된 수준(verbal psychotherapy with music)이다. 언어가 중심이고 음악은 이를 지원해 주는 역할을 한다. 거의 모든 역할은 언어가 하게 되고, 음악은 그것을 촉진시키기 위해 사용된다. 즉, 핵심 역할은 '언어'이다. 대표적인 음악심리치료 방법으로는 노래 토의(song communication)가 있다. 노래 토의는 노래 가사를 토의하는 음악심리치료 방법으로 가사가 주는 의미에 대해 깊은 토의를 하는 활동이다.

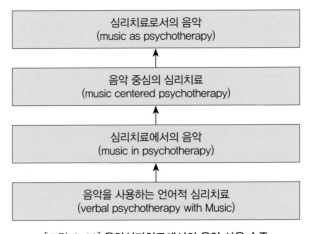

[그림 4-11] **음악심리치료에서의 음악 사용 수준**

한편, 음악심리치료는 음악의 경험적 변화에 의미를 두느냐 또는 내관(insight)을 형성하는 것을 목적으로 하느냐에 따라 그 접근 방법이 구분될 수 있다. 음악적 경험 자체에 의미를 두는 접근 방식은 음악적 변화 그 자체가 바로 치료적 효과라고 간주한다. 예를 들어, 치료 초기에 매우 혼란스럽고 관계적이지 않은 연주를 보이던 내담자가 일관적이며 다른 사람들과 잘 어울리는 융통성 있는 연주를 하게 되었다면 그것 자체가 치료적 성과이며 그 외에 비음악적 행동으로 전환해서 생각하거나 토의할 필요가 없다고 본다. 그 이유는 음악적 행동이 변했다는 것은 이미 그 이면에서 비음악적 행동 변화가 자동으로 수반되었다고 간주하기 때문에 굳이 언어로 다시 확인할 필요가 없다고 보기 때문이다. 이러한 접근 방법을 변형적 음악치료(Transformation music therapy)라고 한다. 반면, 음악적 경험 이후 언어적으로 내관을 형성하는 것을 중요하게 간주하는 접근 방식에서는 음악적 경험을 언어로 재확인하면서 통찰하는 것을 강조한다. 이러한 접근 방법을 내관적 음악치료(Insight music therapy)라고 하며, 음악 경험과 함께 언어적 중재를 통해 내담자가 스스로 통찰하도록 하는 것을 목적으로 한다. 이때 치료사의 언어적 중재가 중요한데, 〈표 4-6〉은 음악심리치료에서 사용하는 치료사의 언어적 중재의 주요 예이다.

〈표 4-6〉 음악심리치료에서의 치료사의 언어적 중재

유형	내용
반영(reflection)	내담자를 자각시키기 위해 내담자가 한 말 중 중요한 단어를 치료사가 다시 반복해 주는 것.
질문(probing)	내담자가 중요한 문제를 인식하는 것을 돕도록 치료사가 질문하는 것.

연결(connecting)	음악적 경험과 내담자 개인의 삶, 감정, 대인관계 등을 연결시켜 주어 직면하도록 하는 것.
명료화(clarifying)	내담자의 표현을 요약하거나 중요한 표현을 반복하여 치료사가 재확인하는 것.
요약(summarizing)	내담자와의 대화 중 중요한 점을 확인시켜 주는 것.
해석(interpreting)	내담자의 표현에 대해 이슈와 관련지어 주는 것.
자기노출(self-discloser)	치료사가 자신의 개인적 경험이나 감정의 일부를 내담자에게 표현하는 것.
직면(confronting)	내담자가 문제에 대해 회피하지 않고 직접 다룰 수 있도록 하는 것.
환기(metaprocessing)	의식의 차원을 옮겨가며 처리하는 것으로서 현재를 다시 인식시켜 주는 것.
피드백(feedback)	내담자의 자아인식을 위해 현재 일어난 일을 치료사가 객관적으로 설명해 주는 것.

출처: Bruscia (1998/2006).

3) 주요 방법

음악심리치료에서는 주로 심상(imagery), 노래(song), 즉흥연주(improvisation) 등의 방법을 사용한다(Bruscia, 1998/2006). 음악심리치료에서 감상은 내담자의 이슈와 관련된 심상을 떠올리도록 하는 데에 주로 사용된다. 즉, 심상 유도를 위한 음악 감상은 전환된 의식 상태에서 심상적 경험을 하도록 하여 내담자의 내적 경험을 일깨우고 내담자의 경험을 지지하기 위한 음악 감상의 사용을 의미한다(Bruscia, 1987/1998). 심상을 활용한 기법은 대개 수용적 음악치료 방법으로 분류되며, 대표적인 음악심리치료 방법으로 헬렌 바니(Helen Boony)가 개발한 음악과 심상(Guided Imagery and Music: GIM)을 들 수 있다. 심상을 유도하는 방법은 대개 고전음악을 사용하나 뉴에이지나 가요 등을 사용할 수도 있다. 심상은 치료사가 지정해 줄 수도 있고 내담자 스스로 자유롭게 떠올릴 수도 있으며, 심상 경험 도중에 치료사와 대화를 할 수도 있는데, 이러한 모든 상황은 임상적 의도에 따라 치료사가 결정하게 된다.

음악심리치료에서 노래는 다양한 방법으로 적용되고 있다. 노래는 인류 역사상 오랫동안 치료적 도구로 사용되어 왔으며, 치료적 환경에서뿐 아니라 일상적인 환경에서도 긍정적인 영향을 주고 있다(Baker & Wigram, 2005/2008). 이러한 노래가 심리치료의 도구로 활용될 수 있는 것은 노래가 개인의 과거나 현재 또는 미래를 떠올릴 수 있도록 하고, 개인적 문제를 투사할 뿐만 아니라 그 해결 방법을 찾아나갈 수 있도록 하기 때문이다. 또한 노래는 기쁨과 희망, 슬픔, 분노, 절망, 상실 등의 다양한 정서를 다룰 수 있도록 해 주며 개인의 감정을 표현할 수 있는 기회를 주기도 한다. 집단 안에서 노래는 타인과의 교류를 활발하게 해 주며 집단의 응집력을 갖게 하기도 한다. 이와 같은 노래를 활용한 음악심리치료 방법에는 노래 토의(song-communication), 노래 회상(song-recall), 노래 자서전(song autobiography), 노래 만들기(song-writing), 노래 즉흥(song-improvisation) 등이 있다(Bruscia, 1998/2006). 노래 토의는 노래 가사에 대해 토의하는 음악치료 방법이다. 내담자의 개인적 이슈와 관련된 가사의 노래는 내담자가 자기 스스로에 대한 탐색을 하게 하고 인생 전반에 대해 통찰해 볼 수 있는 기회를 제공한다. 노래 회상은 노래 토의와 유사한데, 경험의 초점이 과거에 있다는 점이 다르다. 또한 노래 자서전은 인생 주기별로 의미 있었던 노래를 선곡하여 내담자가 자신의 인생을 되돌아 보고 그 의미를 찾도록 하는 음악심리치료 방법이다. 노래 만들기는 기존의 노래 가사의 일부를 자신의 말로 채워 부르는 활동을 말한다. 내담자는 자신의 생각을 노래 가사에 넣어 부름으로써 감정을 표현할 수 있는 기회를 제공받을 수 있으며, 새롭게 완성된 노래 가사를 통해 그 의미에 대해 통찰해볼 수 있는 기회를 갖게 된다. 또한 성악 즉흥연주는 목소리를 사용해 내담자의 무의식적인 갈등을 해결해 나가는 즉흥연주 방법으로 대상관계이론을 배경으로 한 음악심리치료 방법 중의 하나이다.

즉흥연주란 미리 작곡되지 않은 음악을 사전 계획 없이 즉흥적으로 연주하는 것을 말한다. 내담자는 즉흥연주에서 대개 자유롭게 연주하기 때문에 음악적 지식이나 기술이 전혀 필요하지 않다. 반면, 치료사는 임상적 의도를 가지고 내담자의 연주를 반영하거나 촉진해야 하므로 임상적인 지식과 함께 상당한 음악 기술이 요구될 수 있다. 대표적인 즉흥연주 방법으로는 창조적 음악치료(creative music therapy), 분석적 음악치료(analysis music therapy) 등이 있다. 창조적 음악치료는 치료사와 내담자가 함께 즉흥적으로 음악을 만드는 과정을 통해 치료적 목적을 성취하는 즉흥연주 방법으로 음악중심적인 입장을 가진다. 분석적 음악치료는 소리 경험을 통해 자신의 문제를 드러내고 해결하며 통찰하는 즉흥연주 방법으로서 음악을 심미적 경험이 아닌 단순한 소리 표현으로 사용하는 것이 특징이며 융의 분석심리학을 이론적 기반으로 하고 있다. 한편, 즉흥연주 외에도 기존의 곡을 내담자가 직접 연주할 수 있도록 재편곡하여 사용하는 재창조연주 활동이 음악심리치료 방법으로 사용될 수 있다. 가요나 고전음악, 동요, 팝, 재즈 등 다양한 장르가 적용될 수 있으며, 긍정적 정서, 스트레스 관리, 성취감, 사회교류, 협동심 등의 치료 목적을 성취하기 위해, 또는 기존 음악심리치료 방법을 지원하기 위해 사용될 수 있다.

한편, 휠러(Wheeler, 1983)는 정신과에서 적용될 수 있는 음악치료 방법을 세 가지 수준으로 설명하였다. 첫 번째 단계는 '지원적이며 활동 중심의 음악치료'이다. 이 단계의 음악치료는 무의식이나 깊은 수준의 문제는 다루지 않고 내담자가 긍정적 정서를 경험하거나 스트레스를 해소할 수 있는 수준의 음악 활동을 제공한다. 내담자는 음악 활동을 통해 자신의 이슈를 직접적으로 다루기보다는 즐겁고 유쾌한 경험을 하거나 음악적 만족감을 얻을 수 있다. 대개 합주나 합창, 간단한 동작이 있는 음악 활동 등으로 내담자 입장에서는 레크리에이션 활동과 유사하게 경험될 수 있다. 그러나 단순히 즐거움만을 제공하기보다는 현재 제공되는 음악 활동에 집중하여 자신의 기분을 환기시키거나 긍정적인 정서와 동기 유발, 행동 조절, 현실 인식, 사회기술 향상, 집중력 향상, 지속력 향상, 성취감을 경험할 수 있도록 돕는 데에 그 목적이 있다. 내담자는 간단하게 편곡된 음악을 직접 연주하거나 노래를 부르고 간단한 동작을 할 수 있는데, 이때 음악치료사는 음악교육 경험이 없는 내담자들도 성공적인 경험을 할 수 있도록 음악을 재편곡하게 된다.

두 번째 단계는 '재교육 및 내면적 과정에 입각한 음악치료'이다. 이 단계의 음악치료는 내담자의 이슈와 관련된 대화가 필수적으로 사용된다. 내담자는 음악 활동을 통해 느낀 감정이나 생각들을 대화를 통해 표현하여 그 느낌을 구체적으로 규명하며 해결 방법을 찾아가게 된다. 치료적 목적으로는 자긍심 향상, 사회적 책임감 경험, 내면 탐구, 삶에 대한 통찰 등이 포함된다. 대표적 활동으로는 노래 토의와 노래 만들기 등의 방법이 있다.

세 번째 단계는 '재조직 및 카타르시스적 음악치료'이다. 이 단계에서는 내담자의 깊은 내면이나 무의식적 요소를 다루게 되는데, 대개 음악을 통해 절정 경험을 하도록 하여 내담자 스스로 문제를 인식하고 그 해결 방법을 찾도록 하는 데에 초점이 있다. 즉, 무의식 속에 해결되지 못한 문제들을 재경험하도록 하고 새로운 방식으로 처리하는 경험을 하도록 하는 데에 초점을 둔다. 대표적인 음악 활동으로는 GIM, 분석적 음악치료, 성악 즉흥연주 등이 있다.

〈표 4-7〉 휠러의 정신과 음악치료의 3단계

3단계	재조직 및 카타르시스적 음악치료
2단계	재교육 및 내면적 과정에 입각한 음악치료
1단계	지원적이며 활동 중심의 음악치료

4) 대상

음악심리치료는 정신건강을 목적으로 하므로 정신병리학적 증상이 있는 자를 대상으로 한다. 그러나 최근에는 스트레스나 불안 등과 같은 현대 사회에서 흔히 경험할 수 있는 정신적 증상을 완화하거나 해결, 또는 예방하기 위한 총체적인 면에서 개입하고 있다. 이러한 변화는 현대 정신건강의 개념이 보다 포괄적인 의미로 확대되어 사용되고 있는 것과 관련된다(World Health Organization[WHO], 1946). 즉, 음악심리치료 대상자는 전통적인 음악심리치료 영역인 정신분열증, 우울장애와 양극성장애, 불안장애, 외상후 스트레스 장애 등에서 약물중독, 학교폭력, 무대공포증, 직장인 스트레스, 일반인 등까지 확대되고 있다.

• 정신분열증

- 우울장애
- 양극성장애
- 불안장애
- 외상후 스트레스 장애
- 약물중독
- 학교폭력
- 무대공포증
- 직장인 스트레스
- 일반인 스트레스

3. 음악심리치료의 적용

"음악심리치료에서는 어떤 음악 경험을 하게 될까?"

현대인들은 특별한 정신과적 진단을 받지 않더라도 매일 다양한 스트레스 상황에 직면하며 살아가고 있다. 사회 범죄는 날이 갈수록 증가되고 있으며, 학교에서는 학교폭력과 따돌림 등의 문제가 끊이지 않고 있다. 이러한 현상은 폭력, 살인, 자살 등으로 이어질 수 있기 때문에 사회적으로 미리 예방하는 것이 필요하다. 이러한 필요에도 불구하고 일반인들이 치료적 환경에 접근하기는 쉽지가 않다. 한편, 음악은 매우 보편적이어서 누구나 편하게 접근할 수 있다는 장점이 있다. 아마도 누구나 한번쯤은 스트레스를 받은 상황에서 음악을 사용하여 그 나름의 효과를 본 적이 있을 것이다. 따라서 이 장에서는 전문 음악치료사가 아닌 관련 전문인들도 인간의 심리를 회복시키고 예방하기 위해 음악을 활용할 수 있는 방법을 제안하고자 한다. 앞으로 제시되는 음악 활동들은 음악치료사들이 사용하는 기법 중 일부이거나 이를 좀 더 쉽게 적용한 내용들을 구성한 것이다.

1) 감상을 활용한 방법

감상은 음악심리치료에서 일반적으로 사용되는 방법 중의 하나이다. 기존에 있는 음악의 음원을 사용할 수도 있고, 치료사가 작곡한 곡을 직접 라이브로 연주해 줄 수도 있으며, 때로는 치료사가 즉흥음악을 연주해 줄 수도 있다. 음악은 클래식 음악부터 가요나 팝, 재즈, 뉴에이지, 민요, 동요 등 모든 음악을 사용할 수 있으며, 내담자의 선호도와 임상적 의도에 따라 치료사가 선택할 수 있다. 감상을 활용한 음악심리치료 방법은 이완을 위한 활동과 심상을 위한 활동으로 구분하여 적용할 수 있다.

(1) 이완을 위한 감상 활동

이완을 위한 감상 활동은 내담자의 신체와 정신을 이완시키기 위해 감상 음악을 사용하는 것을 말한다. 음악은 대개 느리고 안정적이며, 예측 가능하면서 반복적인 스타일의 음악이 사용된다. 음악만 감상하는 경우도 있고, 음악과 함께 치료사의 스크립트(script)[1]가 추가되는 경우도 있다(Grocke & Wigram, 2007/2011). 스크립트는

---

1) 스크립트란 각본이나 문자를 의미하는 것으로 본래 희곡이나 극본에서 다루는 지시나 대화를 말한다. 음악치료에서는 음악 감상 활동 중 음악치료사가 읽어 주는 내레이션을 의미한다. 이완을 위해서는 대개 나무, 꽃, 바다, 산, 들판, 집 등의 자연환경이나 이외에 우리 주위에서 흔히 볼 수 있는 사물이나 사람 등을 묘사한 글을 사용한다.

내담자를 이완 상태로 유도하기 위한 치료사의 언어적 이야기를 말하며, 대개 자연이나 신체 감각에 관한 내용이 포함된다. 이완을 위한 감상 활동은 내담자가 특별한 음악 활동에 참여하지 않고도 긴장과 스트레스를 완화시켜 줄 수 있기 때문에 능동적 음악치료 활동에 참여하는 것을 부담스러워하는 성인 내담자들에게 적절하다. 일반적인 음악치료 환경에서는 본 활동의 도입 단계에서 내담자의 긴장을 이완시켜 주기 위해 보조적으로 사용되기도 한다. 이 외에도 이완 음악은 의료 환경에서 환자의 불안을 감소시키기 위한 목적으로 사용될 수 있으며, 일반인들의 스트레스 감소나 이완, 그리고 수면을 돕기 위해 적용될 수 있다.

① **목적**
- 신체 이완
- 긴장과 스트레스 완화
- 스트레스가 많은 환경에서의 긍정적인 경험 제공
- 통증 완화
- 두려움과 불안의 통제
- 수술을 앞둔 화상 환자의 심리적 고통의 감소
- 의료 환경에서의 정신적 고통의 감소

② **대상**
- 영아
- 입원 아동 · 청소년
- 성인 입원환자
- 수면장애 환자

- 완화치료 환자
- 스트레스 조절이 필요한 일반 성인 환자
- 노인 환자

③ 절차

이완 활동을 위한 준비는 대개 내담자에게 가장 편안한 자세를 취하도록 요청하는 것으로 시작된다. 앉아서 참여할 수도 있고 침대나 소파 등에 누워서 참여할 수도 있다. 치료사는 준비 단계에서 내담자에게 몸을 움직여 보면서 가장 편안한 자세를 취하도록 요청한다. 다음 단계에서는 내담자에게 곧 음악이 시작할 것이라고 안내해 주고 눈을 감도록 요청한다. 눈을 감는 것에 대해 부담스러워하거나 불안을 느끼는 어린 아동의 경우는 눈을 뜬 상태로 참여하도록 하는 게 좋다. 음악을 감상하기 전인 이 단계에서 가벼운 숨쉬기나 근육 이완 활동을 하여 음악 감상에 집중할 수 있도록 하는 것도 좋다. 내담자가 음악 감상을 할 준비가 되었다면 치료사는 미리 선곡한 음악을 틀어 주며 필요 시 준비된 심상 스크립트를 천천히 읽어 준다. 치료사의 심상 스크립트 내용이 잘 들릴 수 있도록 음악은 피아노 음악이나 기타 음악과 같이 부드럽고 조용한 음악이 좋다. 치료사가 스크립트를 다 읽고도 음악이 꽤 지속되는 것이 좋다. 스크립트는 대개 짧은 편이지만 필요에 따라 길이를 연장할 수도 있다. 치료사는 음악과 스크립트를 감상하는 동안 내담자의 반응을 면밀히 살펴야 한다. 내담자의 표정과 몸짓 등을 관찰하여 불편함이 없는지를 확인해야 한다. 음악이 끝나면 경험에 대해 간단히 이야기를 나눈다. 어떤 내담자는 이완을 위한 감상 활동에 참여하는 동안 잠이 들 수도 있다. 내담자가 충분히 이완된 상태라면 일부러 깨우지 않고 그대로 잠들도록 하기도 한다. 특히 통증 환자라면 그대로 잠을 자도록 하는 것이 좋다. 다음은 일반적인 이완 활동의 절차이다.

[그림 4-12] **이완을 위한 활동 과정**

◎ 이완을 위한 음악 선곡의 예
- Bach, 〈Suite no. 3, 'Air'〉
- Bizet, 〈Carmen, 'Intermezzo'〉
- Grieg, 〈Peer Gynt Suite, 'Morning'〉
- Mascagni, 〈Cavalleria Rusticana, 'Intermezzo'〉
- Mozart, 〈Piano Concerto no. 21, 2악장〉
- Pachellbel, 〈Canon in D〉
- Tony O'Connor, 〈Rainforest magic〉

음악 감상을 하기 전에 주로 호흡과 근육을 이용해 이완을 유도한다.

◎ 이완을 위한 호흡 기법의 예
가장 편안한 자세를 취하세요… 몸을 조금씩 움직여서 편안한 자세를 찾으셔도 됩니다…. 편안한 자세를 찾으셨다면… 이제 호흡에 집중해 주세요…. 당신의 호흡을 느껴 보세요…. 천천히 부드럽게… 숨을 들이마시고(이때 치료사도 함께 숨을 들이마신다)…. 내뱉습니다(치료사도 함께 숨을 내뱉는다). … 다시 한번 숨을 크게 들이마시고(이때 치료사도 함께 숨을 들이마신다). … 내뱉습니다(치료사도 함께 숨을 내뱉는다). … 내 몸이 보다 가벼워진 것을 느껴 보세요…. 다시 한번 숨을 크게 들이마시고(치료사도 함께 숨을 들이마신다). … 내뱉습니다(치료사도 함께 숨을 내뱉는다). … 호흡을 통해 좋은 것들을 들이마시고(치료사도 함께 숨을 들이마신다). … 나에게 불편한 것들은 내보내세요(치료사도 함께 숨을 내뱉는다). … 다시 한번 숨을 크게 들이마시고(치료사도 함께 숨을 들이마신다). … 내뱉습니다(치료사도 함께 숨을 내뱉는다). … 보다 편안하게 내 몸을 느껴 보세요…. 음악이 당신을 더욱 편안한 상태로 인도할 것입니다….

◎ 점진적 근육 이완의 예
당신의 몸을 편안하게 해 보세요…. 가장 편안한 자세를 찾아보세요…. 이제 호흡에 집중해 주세요…. 당신의 호흡을 느껴 보세요…. 깊게 숨을 들이마시고… 내뱉고… 다시 한번… 들이마시고… 내뱉고… (호흡 활동을 반복한다). … 이제 당신의 몸에 집중해 주세요…. 당신의 발에 집중해 주세요…. 발의 근육들을 조이고… 조이고… 그리고 풀어 주세요…. 다시 한번 발의 근육들을 조이고… 조이고… 풀어 주세요…. 이번에는 종아리에 집중해 주세요…. 종아리의 근육들을 조이고… 조이고… 풀어 주세요…. 다시 한번 조이고… 조이고… 풀어 주세요…. 이제 당신의 허벅지 근육에 집중해 주세요. 허벅지 근육을 조이고… 조이고… 그리고 풀어 주세요…. 다시 한번 조이고… 조이고… 풀어 주세요…. 이제 당신의 엉덩이에 집중해 주세요… 엉덩이 근육을 조이고… 조이고… 풀어 주세요…. 다시 한번 조이고… 조이고… 풀어 주세요…. 당신의 배 주위의 근육들에 집중해 주세요…. 배 근육들을 조이고… 조이고… 풀고… 다시 한번 조이고… 조이고… 풀어 줍니다. 이제 당신의 가슴에 집중해 주세요…. 가슴의 근육들을 조이고… 조이고… 풀어 주세요. 다시 한번 조이고… 조이고… 풀어 주세요…. 이제 얼굴 전체의 근육들에 집중해 주세요. 조이고… 조이고… 풀어 줍니다. 다시 조이고… 조이고… 풀어 줍니다. 이제 온몸의 근육들을 조여 줍니다. 조이고… 조이고… 더 조이고… 풀어 주세요…. 다시 한번 조이고… 조이고…. 더 조여 주세요…. 풀어 줍니다. 이제 당신은 편안한 상태로 인도되었습니다. 음악이 당신을 더 편안한 상태로 인도할 것입니다. 음악에 집중해 주세요….

이완 상태를 강화하기 위해 시각화를 사용할 수도 있는데, 이를 지시된 음악심상 기법이라고 한다. 시각화는 대개 숲, 정원, 나무, 꽃, 바다 등과 같은 풍경 스크립트를 사용하는 것을 말하며, 입원병동, 신체재활센터, 노인요양시설 등의 경도 인지장애인들에게 적합하다(Grocke & Wigram, 2007/2011). 다음은 지시된 심상 기법에서 시각화를 위해 사용될 수 있는 스크립트의 예이다.

◎ 숲과 관련된 심상 스크립트의 예

숲속에 있는 당신을 상상해 보세요⋯. 그리고 좋아하는 나무를 떠올려 보세요⋯. 이제 나무의 잎을 주목해 보세요⋯. 잎의 색을 바라보세요⋯. 향기도 맡아 보세요⋯. 시원한 바람이 불고 있습니다⋯. 새들이 지저귀고 있습니다⋯. 숲의 아름다움을 느껴 보세요⋯. 그리고 이 기운을 그대로 받아들이세요⋯. 당신을 편안한 곳으로 인도할 것입니다.

◎ 바다와 관련된 심상 스크립트의 예

당신이 가장 좋아하는 바다를 떠올려 보세요⋯. 하얀 모래사장⋯ 출렁이는 파도⋯ 하늘을 가르는 갈매기⋯ 푸른색의 바다를 바라보세요⋯. 저 멀리 수평선까지 주목해 보세요⋯. 당신을 비추는 태양의 온기를 느껴 보세요⋯. 이제 파도 소리를 들어 보세요⋯. 모래 위에 누운 상상을 해 보아도 좋습니다⋯. 모래가 당신을 따뜻하게 감싸고 있습니다⋯. 태양도 따스하게 당신을 비추고 있습니다⋯. 아름다운 바다의 느낌을 계속 느껴 보세요⋯.

◎ 감각과 관련된 심상 스크립트의 예

편안한 자세를 취하세요. 내 몸을 따뜻하게 감싸 주는 에너지를 상상해 보세요. 그 에너지는 당신의 발끝부터 감싸 줍니다. 발끝이 따뜻해지는 것을 느끼세요. 그 에너지는 점점 당신을 감싸고 있습니다. 다리⋯, 허벅지⋯, 엉덩이⋯, 허리⋯, 배⋯, 가슴⋯, 어깨⋯, 얼굴⋯, 그

리고 온몸이 따뜻해지는 것을 느껴 봅니다. 그 느낌을 그대로 받아들
이세요…. 당신의 몸이 따뜻한 기운으로 가득참을 느껴 보세요.

음악이 끝나고 내담자를 현실 상태로 복귀시키기 위해 다음의 언
어적 중재를 활용할 수 있다.

◎ 복귀를 위한 언어적 중재

음악이 끝났습니다…. 이제 주변의 소리에 집중해 보세요…. 지금 우
리가 있는 이 방안을 느껴 보세요…. 방 안에 있는 물건들…. 그리고
사람들…. 몸을 천천히 움직여 보는 것도 좋습니다…. 호흡을 깊게 쉬
어 보는 것도 좋습니다…. 돌아올 준비가 되셨다면 천천히 눈을 뜨셔
도 좋습니다….

(2) 심상을 위한 감상 활동

감상 활동은 이슈와 관련된 심상을 유도하여 내담자의 문제를 해
결하는 데에 사용될 수 있다. 심상을 이끌어 내는 대표적인 음악심
리치료 방법으로는 음악과 심상 기법(Guided Imagery and Music:
GIM)이 있다. GIM은 전환된 의식 상태에서 고전음악을 감상하는 동
안 떠오르는 심상을 통해 문제를 해결해 나가는 음악심리치료 기법
이다(Bruscia, 1987/1998). 이때, 고전음악을 사용하는 이유는 고전
음악의 깊고 폭넓은 음악적 표현이 내담자가 다양한 심상을 만들어
내는 데에 도움을 주기 때문이다. 다만, GIM은 음악치료 기본 교육
과정 외에 추가적인 특별한 훈련 과정이 필요한 고도의 중재 기술을
요하는 기법이므로 비전문가의 경우 이를 그대로 사용하기보다는
좀 더 가볍게 활용해 보는 것이 좋다. 꼭 고전음악이 아니더라도 내

담자의 심상을 자극할 수 있는 음악을 선곡해 보고 감상을 통해 심상이 떠오르도록 해 볼 수 있다. 심상 경험 후 언어적으로 토의를 하는 시간을 통해 떠오른 심상과 자신의 현재 이슈를 관련지어 생각해 보고 스스로가 통찰의 과정을 갖도록 유도한다. 혹은 토의 전에 심상과 관련된 그림이나 만다라(mandala)를 그려 보도록 하는 것도 좋다. 이는 자신의 심상 경험을 시각화하여 더 명확하게 해 주기 때문이다. 그림 그리기가 부담스럽다면 음악 콜라주(collage)를 해 볼 수 있다. 콜라주는 주제와 관련된 이미지나 사진을 준비하여 내담자가 직접 선택하여 도화지에 붙이는 예술 작업 중의 하나이다.

① **목적**
- 무의식의 의식화
- 과거 회상
- 재통찰
- 통증 관리
- 스트레스 관리
- 입원 환자에게 즐거움 제공
- 음악 감상에 대한 심미적 경험 제공

② **대상**
- 외상 환자
- 기분장애 환자
- 중독 환자
- 불안이나 스트레스를 호소하는 일반인
- 심리적 중재가 필요한 청소년

심상을 유도하는 음악심리치료 기법은 시각화(지시된 음악 심상), BM GIM(인도된 음악 심상), 그리고 MI(인도되지 않은 음악 심상) 등의 방법이 있다. 그 각각의 차이점은 〈표 4-8〉의 내용과 같다(Grocke & Wigram, 2007/2011).

〈표 4-8〉 심상을 유도하는 음악심리치료 방법

구분	환경	내담자의 역할	치료사의 역할
BM GIM(Bonny Method Guided Imagery and Music; 인도된 음악 심상)	개별 또는 그룹	개별치료의 경우 음악 감상 동안 자유롭게 심상을 떠올리는 동시에 치료사와 대화하며 심상 경험을 묘사함. 그룹치료의 경우는 음악 감상 동안 치료사와 대화하지 않음.	개별치료의 경우 클라이언트가 음악 경험 중 무엇을 경험하는지를 질문하거나 반영하는 등 대화함. 그룹치료의 경우 음악 감상 동안 치료사가 질문하지 않음.
MI(Music and Imagery; 인도되지 않은 음악 심상)	개별 또는 그룹	음악 감상 동안 자유롭게 심상을 떠올림.	음악 감상 동안 역할 없음.
시각화(Imagery; 지시된 음악 심상)	개별 또는 그룹	치료사의 지시를 따라 심상을 떠올림.	시각화에 대한 스크립트를 제공함.

출처: Grock & Wigram (2007/2011).

③ 절차

심상을 유도하는 음악심리치료 방법은 다음의 절차를 가진다. 음악 감상을 하기 전 대화를 통해 내담자의 이슈를 파악한다. 최근 가장 문제가 되는 사건이나 인물 등에 대해 이야기 나누거나 음악 감상에서 다루고 싶은 것을 직접 물어보기도 한다. 이때 치료사는 내담자의 말을 경청하고 지지해 주어 내담자가 치료사에게 신뢰감을 갖도록 해야 한다. 대화를 통해 이슈를 파악했다면 치료사는 음악을 선곡한다. 다음 단계로 호흡이나 점진적 근육이완법을 사용해 신체와 정신을 이완시킨다. 이후 선곡한 음악을 감상한다. 음악은 최소 1곡에서 4곡 정도까지 감상할 수 있다. 감상하는 동안 치료사는 내담자와의 대화를 시도할 수도 있다. 음악 감상이 끝나면 음악 감상 동안 경험한 것에 대해 만다라에 그림을 그리도록 한다. 그림이 완성되면 음악 경험에 대해 심층적으로 토의한다. 모든 과정을 마치려면 대개 1시간 30분에서 2시간가량 소요될 수 있다.

[그림 4-13] BM GIM 절차

◎ 심상을 위한 음악 선곡의 예

• Albinoni, ⟨Adagio⟩

• Bach, ⟨Come to sweet death⟩

• Bach, ⟨Mein Jesu⟩

• Barber, ⟨Adagio for Strings, Op. 11⟩

• Beethoven, ⟨Piano Concerto no. 5, 'Adagio'⟩

• Brahams, ⟨Piano concerto no. 2, 'Andante'⟩

• Brahams, ⟨Symphony no. 4, 'Andante Moderato'⟩

• Brahams, ⟨Symphony no. 3 in F major⟩

• Holst, ⟨Planets Suite, 'Venus'⟩

• Respighi, ⟨Pines of Rome, no. 3⟩

• Respighi, ⟨The Birds Suite, 'The Nightingale'⟩

• Vaughan ⟨Williams, Fantasia on a Theme of Thomas Tallis⟩

3. 음악심리치료의 적용

이완을 위한 음악	심상을 위한 음악
템포가 느리고 일정하다.	빠른 템포를 포함하며 다변적이다.
셈여림의 변화가 거의 없다.	셈여림의 변화가 많다.
음악의 흐름이 예측 가능하다.	음악의 흐름이 예측 가능하지 않다.
반복이 많다.	변화무쌍하다.
박자가 일정하다.	박자가 일정하지 않고 변화된다.
화성이 협화음으로 주로 구성된다.	불협화음을 포함한다.
전체적으로 편안한 느낌을 준다.	긴장감이나 에너지를 주는 느낌이 든다.
음악의 기조(texture)가 얇고 일정하다.	음악의 기조(texture)가 두껍거나 일정하지 않고 불규칙하다.
독주이거나 이중주나 삼중주의 음악이 많다.	오케스트라 곡인 경우가 많다.
피아노나 기타 독주이거나 현악기 또는 목관악기 편성이 많다.	금관악기나 타악기 편성의 음악이 많다.

　　심상 기법은 음악 감상 중 경험한 것에 대해 심층적으로 토의를 하게 된다. 이때, 토의를 하기 전에 예술 작업을 할 수 있는데, 이렇게 심상 경험을 시각적으로 표현하는 것은 경험을 명료화하고 통찰하는 데에 도움이 될 수 있다. 예술 작업은 커다란 원이 그려진 도화지(만다라)에 그림을 그리거나 잡지나 사진을 오려 붙이는 음악 콜라주 등이 있다. [그림 4-14]와 [그림 4-15]는 만다라와 콜라주의 예이다.

[그림 4-14] **만다라**　　　　　　[그림 4-15] **콜라주**

2) 노래를 활용한 방법

노래는 우리 삶에 있어서 매우 친숙한 경험이다. 노래는 기쁨과 희망, 슬픔과 외로움, 분노와 좌절 등의 인생 이야기를 담고 있다. 어떤 사람들은 노래를 통해 위로를 받길 바라고 어떤 사람들은 노래를 통해 감정을 공유하기를 원한다. 또한 어떤 이는 노래를 감상하며 인생에서의 중요한 사건을 떠올리기도 한다. 한편, 노래를 함께 부른다는 것은 심리적으로 관계를 형성하는 것을 의미하기도 한다. 노래를 함께 부르고 듣는 동안 사람들 간 관계가 자연스럽게 형성된다. 또한 노래라는 것은 가사와 관련되어 인지적으로 활용되기도 한다. 이처럼 노래는 다양한 측면에서 치료적으로 기능하고 있는데, 노래를 사용한 음악치료의 대표적인 방법으로는 노래 토의, 노래 가사 만들기, 노래 회상, 노래 자서전 등이 있다.

(1) 노래 토의(song communication)

노래 토의란 치료사 또는 내담자가 선곡한 노래를 감상하면서 심리적 이슈를 탐구하고 이를 해결하는 음악심리치료 방법 중의 하나이다(Gardstrom & Hiller, 2010). 노래 토의는 주로 내담자의 삶과 관련된 노래를 사용하여 적극적으로 토의하는 과정을 갖는다. 이때 내담자는 가사가 의미하는 바에 대해 깊이 생각하고 자신의 삶의 일부를 관련지어 통찰할 수 있는 기회를 갖게 된다.

① 목적
- 과거를 회상하거나 추억을 회상할 수 있는 기회를 제공
- 현재의 감정이나 생각, 일어나는 현상들을 다룰 수 있게 해 줌
- 노래 가사에 자신의 감정을 투사할 수 있는 기회를 제공
- 토의를 통해 자신의 감정을 표현할 수 있게 해 줌
- 자신의 감정과 경험을 공유하고 지지받을 수 있는 기회를 갖게 됨
- 토의하는 과정을 통해 통찰력을 갖도록 함
- 토의를 통해 문제 해결 방법을 스스로 깨달을 수 있게 해 줌
- 더 나은 미래를 위한 전략을 세울 수 있는 기회를 제공

② 대상
노래 토의는 노래 가사를 통해 자신의 이슈를 토의하는 과정이므로 대화가 가능한 청소년에서 성인까지를 대상으로 한다. 그러나 이슈의 수준에 따라 아동들에게도 적용할 수 있다. 단, 가사를 듣고 보며 대화하는 과정이 중요하므로 의사소통이 어려운 대상자들과는 노래 토의가 제한될 수 있다. 일반적으로 정신과의 기분장애 환자, 중독 환자, 호스피스 환자, 그리고 트라우마를 경험한 환자들이 그 대상이며, 그 외 심리적 이슈가 있는 일반인은 누구든지 참여할 수 있다.

- 아동

- 청소년
- 우울증과 조울증 환자
- 중독 환자
- 호스피스 환자
- 트라우마 환자
- 심리적 이슈가 있는 일반인

③ 절차

노래 선곡은 치료사가 할 수도 있고 내담자가 할 수도 있으나 반드시 임상적 의도를 고려해야 한다. 단순히 내담자가 선호하는 음악을 선택한다면 이슈와 관련된 토의가 이루어지지 않을 수 있다. 따라서 내담자의 이슈를 잘 파악하여 관련된 노래를 선곡할 수 있도록 해야 한다. 내담자들 중 대부분은 자신의 이슈와 관련된 의미 있는 선곡을 하지만 간혹 이슈와 전혀 상관없는 선곡을 하거나 문제에 직면하는 것을 회피하기 위해 고의로 관련 없는 선곡을 할 수도 있으므로 치료사는 이를 잘 파악하여 선곡을 누가 할지를 결정해야 한다.

선곡이 되었다면 세션 전에 치료사는 음악을 반복해서 감상하고 가사를 분석해야 한다. 내담자의 이슈와 관련된 가사의 내용이 포함되어 있는지, 그리고 긍정적인 방향으로 귀결될 수 있는 내용이 포함되는지도 검토해야 한다. 또한 가사의 흐름마다 어떤 질문을 할지를 미리 준비하고 내담자의 대답도 미리 예상해 보아야 한다. 내담자가 세션 당일 음악을 선곡해 온다면 미리 가사를 분석해 볼 수 있는 시간이 없으므로 치료사는 내담자의 이슈를 고려하여 전반적인 질문을 준비해 볼 수 있다.

선곡이 완료되면 치료사와 내담자는 음악을 함께 감상한다. 음원을 사용해도 좋고 치료사의 라이브 노래와 반주도 가능하다. 다만 내담자의 감상을 방해하지 않도록 원곡과 유사한 수준의 노래와 연주를 제공해 주어야 한다. 처음에는 가사를 보지 않고 음악을 감상한다. 두 번째 감상할 때에는 가사지를 제공해 주어 가사를 보면서 노래를 감상할 수 있도록 한다. 이때에 내담자는 중요하다고 생각되는 가사에 밑줄을 긋거나 표시를 해 둘 수도 있다. 노래 감상이 끝나면 가사에 대해 토의를 한다. 치료사는 이때 내담자에게 질문을 하는데, 처음에는 노래의 전반적인 느낌에 대해 묻는다. 예를 들어, 이 노래가 어떤 느낌을 주는지, 이 곡을 아는지, 이 곡을 부른 가수를 아는지 등 일반적이고 열린 질문을 하여 내담자가 부담없이 노래 토의를 시작할 수 있도록 해야 한다. 내담자가 대화에 참여하기 시작하면 치료사는 가사의 내용에 대해 직접 질문을 할 수 있다. 마음에 드는 가사가 있는지, 가사가 어떤 의미를 갖는지, 가사가 내담자의 인생과 어떤 관련성이 있는지 등의 질문을 한다. 대화가 끊겼을 경우 대답을 재촉하기보다는 침묵의 시간을 어느 정도 갖도록 하고, 그래도 대화가 이어지지 않을 경우 다시 노래를 감상한다. 치료사는 이때 내담자에게 대화의 방향을 강요하거나 유도하기보다는 내담자가 스스로 통찰할 수 있도록 지원해 주어야 한다. 노래는 최소한 한 번 이상, 대개 2~3번 감상하며, 감상부터 토의까지 대개 1시간 정도 소요된다.

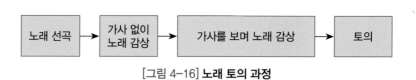

[그림 4-16] **노래 토의 과정**

④ 노래 선곡 시 고려할 점

가사의 내용이나 음악의 분위기는 내담자의 임상적 의도, 즉 치료적 목적에 부합되어야 한다. 단순히 내담자의 선호도만을 고려해서는 안 된다. 임상적 의도와 내담자의 선호도가 모두 부합되는 노래 선곡이 가장 좋은 선곡이라고 할 수 있다. 노래 토의에서는 가사의 내용이 매우 중요하다. 가사의 내용이 내담자의 이슈와 관련되는지 잘 분석해야 한다. 또한 내담자의 삶을 반영하고 위로와 지지, 공감을 할 수 있는지, 그리고 긍정적인 방향으로 이끌 수 있는지를 분석해야 한다. 음악적 스타일도 중요하다. 음악적 스타일은 내담자의 연령과 선호, 문화, 환경, 종교 등을 고려하는 것이 좋다. 일반적으로 음악치료 환경에서는 종교적인 곡을 사용하지 않지만 개별치료에서 종교적인 신념이 강하고 내담자의 인생에 중요한 경험이 되며 내담자가 동의한다면 종교적인 곡을 선택할 수도 있다. 노래 토의에서 내담자는 대상을 동일시하거나 투사할 수 있으므로 가수의 성별도 고려하여 선곡해야 한다. 예를 들어, 성적 피해 경험이 있는 여성 내담자라면 여성 가수에게 자신을 동일시할 수 있다. 그리고 남성 가수에게 가해자를 투사할 수 있다. 또한 노래가 발달적으로 적절한지도 살펴야 한다. 연령에 맞는 가사인지, 또는 내담자의 심리적 단계에 맞는지를 고려해야 한다. 노래 토의 시 노래의 질도 중요하다. 최근에는 대개 음원을 사용하므로 스피커의 음질을 잘 살펴야 한다. 적절한 질과 크기로 소리가 출력되는지 확인이 필요하다. 더불어 가사 전달을 위해 가수의 발음이 정확한지도 확인해야 한다. 이미 언급했듯이 노래는 치료사가 선곡할 수도 있고 내담자가 선곡할 수도 있다. 내담자가 임상적 의도와 상관없는 노래를 계속 선곡할 경우 자신의 문제에 직면하는 것을 회피하는 것일 수도 있으므로 이럴 때에는 치료사가 선곡을 하는 것이 필요하다. 음악은 음원을 사용할 수도 있고 치료사의 라이브 음악으로 할 수도 있다. 이는 치료사의 취향과 임상적 의도에 따라 결정할 수 있다.

⑤ 치료사의 언어적 중재

노래 토의에서 노래 선곡만큼이나 중요한 것이 치료사의 언어적 개입이다. 내담자는 선곡의 의도를 미처 파악하지 못할 수 있고, 혹은 일부러 회피할 수 있기 때문에 치료사의 언어적 중재는 중요하다. 치료사의 언어적 중재는 세 가지 단계로 진행될 수 있다. 첫 번째 단계는 내담자가 음악 환경 자체를 안전하게 느낄 수 있도록 음악에 대한 질문을 하는 것이다. 예를 들어, 감상한 음악을 예전에 들어본 적이 있는지, 노래를 부른 가수를 아는지, 혹은 전반적으로 이 노래를 어떻게 느끼는지 등을 물을 수 있다. 즉, 내담자가 음악 환경을 편안하게 느낄 수 있도록 음악의 표면적인 질문을 하거나 여러 가지 이슈가 나올 수 있도록 열린 질문을 하는 것이다.

두 번째 단계에서는 노래가 내담자에게 어떤 의미인가를 탐구할 수 있도록 질문한다. 예를 들어, 내담자에게 의미 있는 가사가 있는지, 이 노래를 듣고 떠오르는 사람이나 사건이 있는지, 노래의 가사가 어떤 의미인지 등을 질문할 수 있다.

세 번째 단계에서는 노래의 가사가 현재 내담자의 삶에 어떤 관련이 있는지를 질문한다. 즉, 치료사는 노래의 가사가 현재 내담자에게 일어나는 일과 어떤 연관이 있는지를 인식할 수 있도록 질문을 한다. 한편, 내담자는 즉각적으로 토의에 참여하지 않을 수 있다. 특히 세 번째 단계의 질문에 대해서는 내담자 스스로가 생각해 볼 수 있는 시간이 필요할 수 있다. 따라서 노래 토의 활동 도중 간혹 대화가 끊기더라도 그대로 침묵을 유지하는 것이 좋다. 침묵 속에서 내담자는 자신의 생각을 정리하고 통찰할 수 있기 때문이다. 침묵이 지속된다면 음악을 한 번 더 들어 보는 것도 좋다. 만약 집단으로 노래 토의를 진행한다면 그룹원들끼리 대화할 수 있도록 촉진하는 것이 좋다. 치료사는 한 내담자의 의견에 대해 그룹원들은 어떻게 생각하는지 등을 질문하여 그룹원들끼리 적극적으로 토의가 이루어지도록 촉진하고 지지해야 한다.

〈표 4-10〉 **단계별 질문의 예**

첫 번째 단계	"이 노래 어떻게 느끼셨어요?" "이 노래를 들어 본 적이 있나요?" "이 가수나 밴드를 아나요?"
두 번째 단계	"당신에게 의미 있는 가사가 있나요?" "이 노래를 듣고 떠오르는 사람이 있나요?" "이 노래를 듣고 떠오르는 장면이 있나요?" "이 가사가 어떤 의미일까요?"
세 번째 단계	"이 노래가 당신의 삶에서 일어나는 일과 어떤 연관이 있을까요?" "이 노래가 왜 그런 것들을 생각나게 했을까요?"

노래 토의는 내담자의 이슈에 따라 다양한 주제를 다룰 수 있다. 공감, 위로, 추억, 인생, 희망, 에너지, 변화, 관계뿐 아니라 슬픔, 상실, 이별, 중독, 분노의 감정까지 다룰 수 있다. 다음은 노래 토의에서 사용한 가사지이다.

바람의 노래

살면서 듣게 될까 언젠가는 바람의 노래를
세월가면 그때는 알게 될까 꽃이지는 이유를
나를 떠난 사람들과 만나게 될 또다른 사람들
스쳐가는 인연과 그리움은 어느 곳으로 가는가
나의 작은 지혜로는 알수가 없네
내가 아는 건 살아가는 방법 뿐이야
보다 많은 실패와 고뇌의 시간이
비켜갈 수 없다는 걸 우린 깨달았네
이제 그 해답이 사랑이라면
나는 이세상 모든 것들을 사랑하겠네

[그림 4-17] 노래 토의 시 사용되는 가사지 예

출처: 조용필, 〈바람의 노래〉 (1997).

◎ 주제별 노래 토의를 위한 선곡의 예

[공감과 위로]

• 권진아, 〈위로〉

• 제이레빗, 〈내일을 묻는다〉

• 커피소년, 〈힘내〉

• 커피소년, 〈내가 니 편이 되어 줄께〉

• 이하이, 〈한숨〉

• 변진섭, 〈우리의 사랑이 필요한 거죠〉

• god, 〈촛불하나〉

[추억과 인생]

• 시인과 촌장, 〈가시나무새〉

• 홍성민, 〈기억날 그날이 와도〉

• 조용필, 〈이젠 그랬으면 좋겠네〉

- 조용필, 〈바람의 노래〉
- 권진원, 〈산다는 건 다 그런게 아니겠니〉
- 이적, 〈걱정말아요〉

[희망과 에너지]
- 커피소년, 〈행복해져라〉
- 김동률, 〈거위의 꿈〉
- 강산애, 〈넌 할 수 있어〉
- 서영은, 〈웃는거야〉
- 마야, 〈나를 외치다〉
- 러브홀릭스, 〈버터플라이〉
- 안치환, 〈내가 만일〉
- 전인권, 〈사노라면〉

(2) 노래 회상(song recall)과 노래 자서전(music authobiography)

노래 회상은 노래를 부르거나 감상하면서 인생에서 중요했던 순간을 되돌아 볼 수 있도록 하는 음악심리치료 방법 중의 하나이다. 노래 토의와 다른 점은 초점이 '과거'에 있다는 점이다. 이때 노래는 과거의 중요했던 사건이나 인물을 떠올릴 수 있도록 돕는다. 노래는 특히 잊고 있었던 행복했던 기억들을 떠올릴 수 있도록 하여 지금까지 생각했던 것과는 달리 자신의 삶이 의미 있었음을 깨달을 수 있게 할 수 있다. 또한 노래는 과거의 사건을 바탕으로 현재를 재판단할 수 있게 하며, 미래의 방향을 계획하는 데에 도움을 줄 수도 있다. 예를 들어, 현재 자신의 인생이 보잘 것 없다고 생각할 때 과거의 자신의 행적들을 기억해 보면서 스스로가 열심히 살아왔었음을 깨달을 수 있다. 이러한 깨달음은 이후 삶의 방향에 대해 긍정적으로 계획해 보도록 이끌 수 있다.

　노래 회상은 일반적으로 과거 내담자가 좋아했던 음악을 감상하거나 함께 부르며 관련된 토의를 한다. 이때 치료사는 내담자가 과거를 회상할 수 있도록 질문을 하게 되는데, 예를 들어 "이 노래를 들으니 떠오르는 사건이나 사람이 있나요?" "이 노래가 유행할 때 당신에게 어떤 일이 있었나요?" "이 노래는 당신에게 어떤 의미가 있나요?" 등의 질문을 할 수 있다. 노래 회상은 특히 노인들에게 적용되는 경우가 많은데, 노래는 노인들이 주로 젊은 시절 즐겨 들었던 곡 중에 선곡하는 것이 좋다. 대부분의 사람들은 자신이 젊었을 때 들었던 음악을 인생 후반기까지 선호하며, 또한 노인들은 현재보다는 젊었을 때의 이야기를 하는 것을 선호하기 때문이다.

　노래 회상 활동 중 노래를 통해 내담자의 과거 삶을 재경험할 경우 이를 노래 퇴행이라 칭하기도 한다. 노래 회상과의 차이점은 노래 회상이 현재의 시점에서 자신의 삶이나 과거를 되돌아 본다면 노래 퇴행은 노래를 통해 과거의 삶을 재경험하도록 한다.

　한편, 노래 자서전은 노래 회상의 한 방법으로 내담자의 인생 주기별 의미 있었던 노래를 선곡하여 토의하는 방법이다. 개인의 삶 전체를 되돌아 보고 자신의 삶을 의미 있게 마무리할 수 있는 기회를 제공하므로 인생의 후반기에 있는 노인들이나 말기 암 환자 혹은 호스피스 환자들에게 유용하며 일반 중년 성인에게도 적용할 수 있다. 노래 자서전은 유년기, 청소년기, 성인기, 중년기, 노년기 등으로 인생을 시기별로 나누어 각각의 의미 있었던 노래를 선곡한다. 선곡을 하면서 음악을 감상하고 그 시절의 이야기를 나누게 된다. 목적은 내담자가 자신의 인생을 의미 있게 마무리할 수 있도록 돕는 것이다. 노래 자서전 활동에서 선곡한 노래들은 CD로 제작하여 유가족에게 전달하기도 한다.

① 목적
- 과거의 의미 있었던 기억을 떠올리기
- 자신의 인생을 의미 있게 정리하기
- 과거를 추억하기
- 과거를 바탕으로 현재의 삶을 재평가하고 미래의 삶을 긍정적으로 계획하기

② 대상
- 일반 노인
- 치매 노인
- 중년 성인
- 호스피스 환자
- 말기 암 환자

③ 절차
내담자와 함께 과거 중요했던 사건이나 사람 등의 기억을 떠올릴 수 있는 노래를 선곡한다. 혹은 내담자가 좋아했던 곡을 선곡하고 그 당시 어떤 일이 있었는지에 대해 이야기할 수도 있다. 선곡한 노래를 감상하거나 함께 부르고 그 시절에 있었던 일에 대해 이야기 나눈다. 그 당시 어떤 일이 있었는지, 어디에 살았는지, 누가 떠오르는지, 무슨 일을 했었는지, 사회적으로 어떤 현상이 있었는지에 대해 이야기 나눌 수 있다. 노인들은 자신의 어린 시절과 결혼, 그리고 자녀를 양육했을 때 등에 대한 이야기를 할 수 있다. 혹은 전쟁이 일

어났을 때의 경험을 이야기하기도 한다.

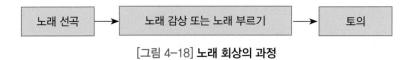

[그림 4-18] **노래 회상의 과정**

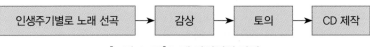

[그림 4-19] **노래 자서전의 과정**

◎ 노래 회상과 노래 자서전을 위한 선곡의 예
- 이난영, 〈목포의 눈물〉
- 남인수, 〈이별의 부산 정거장〉
- 이애리수, 〈황성옛터〉
- 김정구, 〈눈물젖은 두만강〉
- 백난아, 〈찔레꽃〉
- 이미자, 〈동백아가씨〉
- 나훈아, 〈머나먼 고향〉
- 남지, 〈님과 함께〉
- 혜은이, 〈당신은 모르실 거야〉
- 세샘트리오, 〈나성에 가면〉
- 〈과수원길〉
- 〈등대지기〉
- 〈우리의 소원〉
- 〈오빠생각〉
- 〈나는 열일곱살이예요〉
- 〈고향의 봄〉
- 박인희, 〈모닥불〉
- 이진관, 〈인생은 미완성〉

(3) 노래 만들기(song wriiting)

노래 만들기는 노래를 사용하는 음악치료 기법 중 대표적인 방법 (Baker & Wigram, 2005/2008)의 하나로 기존의 곡을 사용해 가사의 일부 또는 전체를 바꾸어 보는 활동을 말한다. 노래 만들기 활동에서 내담자는 새롭게 가사를 만들어 봄으로써 자신의 감정을 탐색하거나 표현할 수 있는 기회를 제공받을 수 있다. 내담자들은 새롭게 완성된 가사를 함께 부르는 과정을 통해 자신의 감정에 대해 확신을 갖게 된다. 또한 치료사와 그룹원들에게 자신의 생각이나 느낌에 대해 지지받는 경험을 얻을 수도 있다. 이러한 노래 만들기 활동은 가사를 만드는 결과만이 중요한 것이 아니라 과정 속에서의 경험 또한 중요하다. 내담자는 가사를 만드는 과정 속에서 이슈와 관련된 많은 대화를 하게 되고 대화 속에서 통찰하는 경험을 할 수 있다. 따라서 이때 치료사는 내담자가 자신을 표현할 수 있도록 지지하고 격려하여 충분히 수용받는 경험을 할 수 있도록 해야 한다.

가사를 만드는 과정은 단계적인 과정으로 진행된다. 가사를 채우기 위해 내담자는 먼저 기존의 가사에 대해 생각해 보는 시간을 갖는다. 즉, 가사와 관련된 자신의 감정이나 사고를 탐구하게 된다. 이후 자신의 생각을 해당 부분의 가사로 채워본다. 이때 내담자는 자신의 감정을 표현할 수 있는 기회를 갖게 된다. 이후 새롭게 완성된 가사를 노래 부름으로써 자신의 감정을 다시 확인하게 된다. 또한 자신의 결정에 대해 재확인하고 책임감을 가질 수 있고 통찰의 기회를 가질 수도 있다. 이처럼 노래 만들기의 과정은 단순히 노래 가사를 새로 만드는 작업, 그 이상의 의미를 갖는다. 노래 만들기 과정을 통해 문제 해결의 과정을 경험하게 되며, 결과물로 완성된 가사를 보며 자신의 감정을 확인하거나 성취감과 책임감, 또는 삶에 대한 의지를 가질 수도 있다. 그룹치료라면 가사를 함께 완성해 가는 과정을 통해 의사소통이 활발해지고 협동심과 책임감을 가질 수도 있다. 노래 만들기의 주제는 인생, 관계, 사랑, 우정, 추억, 기쁨, 슬픔, 미움, 분노, 용서, 자연, 여행 등 내담자의 이슈와 치료의 단계에 따라 다양하게 접근할 수 있다. 그러나 처음부터 너무 희망적인 주제만을 다루기보다는 내담자의 이슈와 치료의 단계, 치료 목적, 그리고 임상적 의도에 따라 결정하는 것이 좋다.

노래 만들기는 다양한 방법으로 적용될 수 있다. 첫째, 가장 보편적으로 사용되는 기법으로 노랫말 채우기(fill in the blank)가 있다. 기존의 곡이나 미리 작곡된 곡을 사용하여 가사의 일부분을 새로운 가사로 채우는 방법이다(Goldstein, 1990; Robb, 1996). 이때 새롭게 채워질 가사의 일부분은 노래의 전체 맥락상 가장 핵심적인 부분이 된다. 이때 내담자는 간단한 단어 정도를 바꾸어 볼 수 있다. 둘째, 조금 더 긴 가사로 바꾸어 보는 방법으로 노래 패러디(song parody) 방법이 있다. 노랫말 채우기보다 조금 더 긴 가사의 절(verse)을 만들도록 하는 방법이다. 셋째, 노랫말 전체를 만들어 보는 방법이 있다(Ledger, 2001). 이때 기존의 곡을 사용할 수도 있고 치료사가 직접 작곡할 수도 있다. 이때에는 대개 가사를 먼저 만들고 이후 내담자와 상의하여 치료사가 작곡을 하게 된다. 내담자가 음악적 소양이 있다면 작곡에 참여할 수도 있다. 노랫말 전체를 작사할 때에는 자유연상처럼 떠오르는 단어를 나열한 뒤 그중 핵심 단어를 선택해 만들 수도 있고, 또는 음악과 심상 기법을 활용하여 감상 후 떠오르는 이미지를 사용해 가사를 만들 수도 있다(O'Callaghan, 1996; Robb & Edderts, 2003).

① 목적

- 감정의 인식과 표현
- 삶에 대한 이해
- 현실 인식
- 자기표현 향상
- 문제 해결력 향상
- 통찰력 제공
- 자아성찰의 기회 제공

② 대상

노래 만들기의 대상은 아동부터 노인에 이르기까지 다양하다. 자신의 감정을 언어로 표현할 수 있는 모든 대상에게 적용될 수 있다. 대개 대화가 가능한 자를 대상으로 하나 대화에 다소 어려움이 있는 장애인들에게도 여러 개의 단어 중 원하는 단어를 선택하도록 하여 노래 만들기 활동에 참여할 수도 있다.

- 아동
- 청소년
- 중독 환자
- 우울증 등의 기분장애
- 정신질환자
- 호스피스 환자

③ 절차

치료사는 내담자의 이슈와 관련된 주제의 노래를 미리 선곡한다.

대개는 현재의 상황을 고려해 내담자가 선택해야 하거나 결정해야 하는 주제가 포함된 노래를 선택한다. 선곡한 이후 치료사는 노래 가사를 반복하여 분석해 가며 내담자가 가사를 바꾸어 부를 수 있는 부분을 미리 선정해 둔다. 노래가 준비되면 함께 노래를 불러 본다. 노래가 익숙해지고 가사에 대해 충분히 생각해 볼 수 있도록 반복해서 불러 본다. 이때 가사에 대해 토의를 해 보는 것도 좋다. 이후 가사의 일부를 내담자가 자신의 말로 바꾸어 볼 수 있도록 한다. 내담자가 머뭇거린다면 치료사가 모델링해 주는 것도 좋다. 적당한 치료사의 자기노출은 내담자의 참여를 유도할 수 있다. 가사가 완성이 되었다면 새롭게 완성된 가사로 함께 노래를 불러 본다. 이후 새로운 가사에 대해 토의한다. 치료사는 내담자의 표현을 적극적으로 지지해 주어야 하며, 그룹치료라면 그룹원들끼리 서로 지지와 격려, 그리고 공감해 주도록 해야 한다.

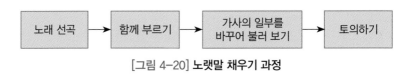

[그림 4-20] **노랫말 채우기 과정**

내담자와 노래 가사 전체를 만드는 경우는 음악 없이 가사를 먼저 쓰기도 한다. 일단 주제를 선정하는데, 주제는 치료사가 정할 수도 있지만 내담자에게 위임하기도 한다. 주제를 선정했다면 브레인스토밍(brain storming)을 한다. 지금 현재 떠오르는 것을 내담자에게 말하도록 하고 칠판에 적는다. 그중 중요하거나 의미 있는 것들을 추려 내어 가사를 완성한다. 가사가 정해지면 작곡을 한다. 작곡은 치료사가 주도적으로 할 수 있지만 치료사가 오스티나토(ostinato) 등의 일정한 코드 진행의 예상 가능한 구조를 제시하여 내담자가 멜로디를 만드는 데 참여할 수 있도록 할 수 있다.

[그림 4-21] 노래 가사 전체를 만드는 과정

④ 고려할 점

노래 만들기 활동을 준비할 때 선곡은 내담자의 이슈와 선호를 고려해야 한다. 따라서 가사의 내용과 음악의 스타일은 중요하다. 노래의 가사를 바꾸어 불러야 하기 때문에 음악의 구조도 고려해야 한다. 특히 그룹치료라면 노래의 가사와 구조가 반복되는 곡이 좋다. 또한 내담자의 기능과 치료 단계에 따라 가장 적절한 노래 만들기 방법을 선택을 해야 한다. 치료의 단계가 초기이거나 내담자의 기능이 낮을수록 짧은 가사를 바꾸는 가사 채우기(fill in the blank) 활동을 선택하는 것이 좋을 수 있다.

[악보 1]~[악보 3]은 노래 가사 만들기를 위한 곡의 예이다. 예시의 곡들은 음악치료 임상에서 작곡된 곡들이나 실제로는 작곡된 곡보다는 기존의 가요를 더 많이 활용한다.

당신의 마음

양은아 작사·작곡

당 신 의 마 음 속 깊 이 혹시 무 거 운 짐 있 다 면 은 이제

괴 로 운 마 음 다 잊 고 밝은 내 일 만 생 각 해 요 언 제 나

마 음 속 에 ○○ 간 직 해 요 ○○ 과 ○○ 과 ○○ 을 언 제 나

마 음 속 에 ○○ 간 직 해 요 ○○ 과 ○○ 과 ○ ○ 을 —

---

2) 이 곡은 성인 정신과 환자 그룹의 가사 채우기(fill in the blank) 활동을 위해 미리 작곡
된 곡이다. 활동에서 내담자들은 각자 자신의 마음에 갖고 싶은 감정을 가사로 넣어 부
를 수 있다. 실제 음악치료 임상에서 만들어진 가사의 내용은 희망, 기쁨, 행복, 평화,
사랑, 용서, 배려, 감사 등이었다.

우리가 살아가며

양은아 작사 · 작곡

3. 음악심리치료의 적용

나를 편안하게 해주는 것들

박윤슬(가명) 작사
양은아 작곡

(4) 노래 즉흥(song improvisation)

노래 즉흥은 1994년 오스틴이 개발한 목소리를 사용한 음악심리

---

4) 이 곡은 초등학생의 정서 지원을 위한 음악치료 활동에서 완성된 곡이다. 아동은 브레인스토밍과 음악 감상을 통해 자신을 편안하게 해 주는 것들에 관한 가사를 만들었고, 완성된 가사에 치료사가 작곡을 하였다. 완성된 곡은 녹음해 내담자에게 제공되었으며 심리적으로 불안할 때마다 내담자가 이 곡을 감상하도록 지원되었다.

치료 방법으로서 보컬홀딩기법(vocal holding technique)이라고도 불린다. 노래 즉흥은 대상관계이론을 배경으로 하는 음악심리치료 기법으로 즉흥적으로 노래하는 활동을 통해 무의식, 특히 자신의 어린 시절의 일부와 소통할 수 있는 경험을 제공한다. 오스틴은 학대받은 자, 특별히 성 학대를 받은 자에게 노래 즉흥이 적합하다고 한다. 사회에서는 이들에게 암묵적으로 조용히 있거나 잊어버리기를 요구하기 때문에 그들은 대개 침묵 속에서 생존하는 것을 학습하게 된다. 따라서 자신의 감추어진 자아를 드러낼 수 있도록 목소리를 사용하는 이 노래 즉흥 방법은 이러한 학대받은 내담자에게 유용하다. 노래 즉흥은 내담자가 학대받았던 어린 시절로 퇴행하게 하고 무의식에 접근하도록 돕는다. 그리고 자신이 과거에 경험했던 사건을 재경험하도록 하는데, 이때에 새롭고 건강한 방식으로 반응하도록 하여 새로운 인생을 살 수 있도록 돕는다. 학대받은 피해자는 더 이상 수치스러움이나 죄책감 대신 자신이 피해자였음을 인식하고 자기 자신에 대한 새로운 자아상을 갖게 된다.

노래 즉흥은 내담자가 자신의 목소리를 사용하는데, 목소리를 사용한다는 것은 자기를 드러내는 것이고, 자신이나 특정 대상을 투사할 수 있게 한다. 예를 들어, 내담자는 자신의 목소리에 피해자였던 자신, 즉 어린 시절의 자신을 투사하고 치료사의 목소리에 가해자를 투사할 수 있다. 또한 노래 즉흥에서 목소리는 어머니와 아동을 연결하는 통로, 즉 중간 대상이 될 수도 있다(Austin, 2008/2012; Taylor, 1997). 많은 내담자는 노래 즉흥에서 어머니를 연상하게 된다. 그들은 어린 시절의 어머니를 연상하면서 중요했던 사건을 재경험하고 새로운 반응 양식으로 대응하는 경험을 하게 되는데, 이러한 경험이 노래 즉흥 치료의 핵심이라고 할 수 있다.

노래 즉흥에서 치료사는 의도적으로 두 개의 화성만을 사용하여 피아노를 연주한다. 대개 치료사가 몇 개의 화성을 제안하고 이 중 내담자가 선택을 하게 된다. 이때 두 개 화성의 반복적인 사용은 최면과 같은 전환된 의식 상태를 만들어 무의식 세계에 쉽게 들어갈 수 있게 해 준다. 이때 치료사의 지지적인 노래는 내담자가 안전하게 소리를 표현할 수 있도록 돕는 용기(contain)의 역할을 한다. 노래 즉흥은 동음가창(unison), 하모나이징(harmonizing), 미러링(mirroring), 그라운딩(grounding)의 단계를 포함한다(Austin, 2008/2012). 첫 번째 단계인 동음가창(unison)은 동시에 같은 음으로 노래하는 것으로 치료사가 내담자의 가창을 그대로 모방하여 소리 내는 것이다. 이는 대상관계이론에서 초기 어머니와의 경험을 연상시킨다. 치료사의 동음가창은 안정적이고 지원적이며 보호의 느낌을 제공한다. 공감적이고 사랑이 충분한 어머니와의 경험이 없는 내담자에게는 중요한 경험이 된다. 내담자는 안정적인 자기를 내면화한 후, 점차적으로 분리와 개성화의 단계를 거치게 된다. 두 번째 단계인 하모나이징(harmonizing)은 내담자의 소리에 치료사가 화성으로 가창하는 것이다. 즉, 화성으로 분리되는 경험을 제공한다. 동음가창의 경험에서 초기 욕구가 충분히 충족되고 진심으로 지지 받고 있다고 느끼게 되면, 서서히 분리되고 개별화되는 과정을 시작하게 된다. 이 단계에서 내담자는 치료사와의 관계 내에서 안정적으로 분리되는 경험을 갖게 된다. 세 번째 단계인 미러링(mirroring)은 내담자가 자신만의 선율을 노래하고 치료사가 내담자의 선율을 약간의 시간차를 두고 반복하는 것이다. 내담자의 선율을 모방하는 것은 내담자가 새로운 시도로서 자신만의 개인성과 새로운 자기를 인정받는 승인의 경험을 하도록 한다. 이 단계는 내담자가 자신에 대해 긍적적인 자아상을 갖게 하는 것을 돕는다. 이러한 음악적인 반사는 내담자에게 지지와 확신을 주게 된다. 네 번째 단계인 그라운딩(grounding)은 치료사가 음악의 근음이나 기본이 되는 음을 소리하면서 내담자가 소리를 내는 데에 토대를 제공하는 것이다. 내담자는 자유롭게 소리를 내지만, 돌아오고 싶을 때는 언제든지 다시 돌아올 수 있도록 치료사가 '안전기지(home base)'를 제공한다. 이는 대상관계이론에서 아이가 충분한 지지와 격려를 받으면 주변을 자유롭게 탐색하게 되고 이러한 탐색행동이 아이의 발달을 도모하며, 때때로 아이가 불안해하면 언제든지 돌아갈 수 있는 안전기지를 제공하는 것과 같은 경험을 제공해 준다. 노래 즉흥은 음악 경험 안에서 내담자가 어린 시절을 경험하며 새로운 선택을 하여 재통찰의 과정을 거치도록 하는 것을 목표로 한다. 또한 내담자가 미처 깨닫지 못한 감정을 깨달을 수 있도록 자기 감정에 접촉하도록 더욱 심화시키면서 어머니와의 관계를 재현하고 새로운 방식으로 반응할 수 있도록 한다. 이 방법은 특히 어린 시절에 어머니와 같은 주양육자에게서 충분한 관심과 사랑을 받지 못한 내담자와의 작업에 유용하다. 치료사는 내담자가 가진 깊은 슬픔과 분노의 감정을 잘 표출하고 재경험할 수 있도록 이를 잘 담아 주어야 하며, 이러한 경험은 내담자가 새롭게 내사화된 신뢰감을 갖도록 도울 수 있다.

① 목적
- 과거의 재경험
- 무의식의 의식화
- 재통찰
- 상처의 회복

② 대상

- 초기 애착에 결핍이 있고 충분히 좋은 어머니와의 경험이 필요한 자
- 어린 시절 외상 경험이 있는 자
- 어린 시절의 외상 경험으로 현재 대인관계에 문제가 있는 자
- 어린 시절 주 양육자에게 충분한 사랑과 공감을 받지 못한 자
- 어린 시절 주 양육자에게서 학대를 경험한 자
- 학대 받은 자, 특히 성학대 받은 자

③ 절차

치료는 현재의 이슈나 감정에 대한 논의로 시작한다. 이슈나 감정에 대한 충분한 논의를 한 이후 음악을 선정한다. 음악은 두 개의 화성(chord)을 선택하는데, 대개 치료사가 몇 개의 화성을 들려주면 내담자가 마음에 드는 화성 두 개를 선택한다. 예를 들어, 내담자는 치료사가 들려준 몇 개의 코드 중 Aminor 7th와 Fmajor 7th 코드를 선택할 수 있다. 내담자가 음악적 지식이 있다면 들려준 코드 중 자신의 감정과 관련된 화성을 선택할 수도 있다. 화성 외에 리듬이나 피아노의 음색 등을 선택할 수도 있다. 내담자가 선택에 어려움을 보인다면 치료사가 선택한다. 이렇게 선택된 두 개의 코드는 노래 즉흥 동안 치료사가 계속 반복하여 연주하게 된다. 목소리를 내기 전에 함께 들숨과 날숨을 번갈아 쉬는 숨쉬기 활동을 하여 신체를 먼저 이완시킨다. 심호흡은 내담자가 자신의 몸에 초점을 맞추고 몸을 이완하고 안정화하는 데에 있어 도움이 된다. 노래 즉흥은 동음가창, 하모나이징, 미러링, 그라운딩의 단계로 진행되지만 단계는 반드시 순서에 따라 사용되지는 않으며, 치료사가 판단하여 적절하게

적용할 수 있다. 필요에 따라 미리 작곡된 노래가 더 효과적일 수도 있으므로 치료사는 임상적 의도에 따라 이를 적용하여 실행한다.

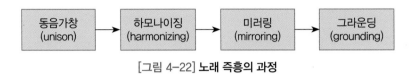

[그림 4-22] **노래 즉흥의 과정**

④ 고려할 점

시작할 때 방법에 대해 간단하게 설명을 하거나 어떤 사람이나 상황, 느낌 등에 대해 노래를 불러 보자고 한 뒤 발성을 할 수 있도록 지지한다.

3) 즉흥연주를 활용한 방법

즉흥연주(improvisation)란 미리 작곡되지 않은 음악을 즉석에서 자유롭게 연주하는 것을 말한다. 선율이나 리듬만 연주할 수도 있고 혹은 완전한 음악으로 연주할 수도 있다. 주로 내담자 관점에서의 즉흥연주를 의미하지만 치료사 또한 내담자의 즉흥연주를 반영하거나 촉진하기 위해 즉흥연주를 하게 된다(Aigen, 2005/2011).

음악치료 임상 환경에서 내담자는 다양한 방법으로 즉흥연주에 참여할 수 있다. 첫째, 내담자는 '표현'을 위한 즉흥연주에 참여할 수 있다. 만일 내담자에게 현재의 감정을 악기로 표현해 보라고 할 때, 내담자의 현재 감정이 슬프다면 슬픔을 즉흥적인 음악으로 표현할 것이고, 분노의 감정을 가지고 있다면 분노의 감정을 담아 즉흥적인 연주를 할 것이다. 즉, 즉흥연주는 내담자의 현재의 감정을 언어가 아닌 악기나 소리, 혹은 몸동작을 통해 자유롭게 자신을 표현할 수 있도록 기회를 제공해 준다. 언어가 아닌 음악과 소리, 몸동작으로 자기표현을 한다는 것은 보다 은유적이고 상대적으로 안전한 환경이기 때문에 내담자가 좀 더 쉽게 자기표현을 시도하도록 도울 수 있다. 예를 들어, 가족 내에서 학대를 경험한 내담자는 두려움으로 인해 학대 사실을 함구하려 할 수 있다. 이런 경우 내담자가 음악치료 환경에서 언어적으로는 괜찮다고 표현을 하면서도 연주의 스타일은 매우 위협적으로 즉흥연주를 할 수 있다. 이때 음악치료사는 내담자의 내면의 소리를 알아차려 문제 해결을 시도해야 한다.

둘째, 즉흥연주는 다양한 '관계'를 경험할 수 있도록 한다. 치료사 또는 그룹원들과의 즉흥연주를 통한 소리 경험은 다른 사람과의 관계로서 확장되어 해석될 수 있다. 내담자가 즉흥연주를 할 때 다른 사람의 즉흥연주에 잘 어울리게 연주할 수도 있고 혹은 방해가 되게 연주를 할 수도 있다. 혹은 다른 사람의 소리와는 전혀 무관하게 연주할 수도 있다. 그렇다면 이러한 소리 경험을 통해 내담자는 현실에서 자신이 다른 사람과의 관계에서 어떻게 대처하고 있는지를 객관적으로 바라볼 수 있게 한다.

셋째, 즉흥연주는 '무의식적 경험'을 할 수 있도록 한다. 즉흥연주는 과거의 사건이나 인물 등을 재경험할 수 있도록 하고 이를 통해 새로운 생각, 즉 통찰의 경험을 할 수 있도록 해 준다. 내담자는 수치심과 두려움 등으로 인해 무의식에 억압되어 있던 과거 기억을 재경험하고 새로운 방식으로 해결하는 경험을 할 수 있다.

넷째, 즉흥연주는 개인의 감정적인 이슈를 탐색해 볼 수 있는 기회를 제공할 수 있다. 예를 들어, 내담자는 즉흥연주를 통해 자신의 정서에 대해 탐색하고 확인할 수 있는 기회를 가질 수 있다. 미처 인식하지 못한 이면의 감정을 파악하고 그 원인에 대해 심층적으로 탐색해 볼 수 있다.

다섯째, 즉흥연주는 연주 자체로써 심미적 경험을 줄 수도 있다. 그러나 심미적 경험은 단순히 화려한 연주를 의미하는 것이 아니다. 여기에서의 심미적 경험은 내담자 개인이 느끼는 주관적인 심미성을 의미한다. 때로는 반주가 없는 매우 단순한 선율적 노래만으로도 심미적인 경험을 제공해 줄 수 있다.

여섯째, 즉흥연주는 개인의 창조성을 발현할 수 있는 기회를 제공해 준다. 음악치료 임상 환경에서의 즉흥연주는 내담자가 음악교육의 경험과 상관없이 자유롭게 표현을 할 수 있는 안전한 환경을 제공하므로 내담자는 자유로움을 표현할 수 있으며 이로 인해 잠재된 창조성을 발현할 수 있는 기회를 제공받는다. 이렇게 즉흥연주는 음악치료 임상 환경에서 유용한 치료의 도구가 될 수 있다.

① 목적
- 감정적 이슈의 탐색
- 자기표현
- 다양한 정서 경험
- 관계의 경험
- 과거의 중요한 사건이나 인물 회상
- 무의식적 경험
- 통찰
- 심미적 경험
- 창조성

즉흥연주는 몇 가지 변인에 따라 다양하게 적용할 수 있다(Bruscia, 1987/1998). 첫 번째 변인은 대인관계적 상황이다. 내담자는 각각의 이슈에 따라 개별 즉흥연주에 참여할 수도 있고, 다른 내담자들과 함께 그룹 즉흥연주에 참여할 수도 있다. 개별 즉흥연주는 내담자의 내면의 문제를 다룰 수 있도록 하며 개인의 인생에 대해 깊은 통찰을 할 수 있도록 한다. 다만 개별 즉흥연주의 경우 내담자가 솔로로 연주를 해야 하므로 이에 대한 책임감이나 부담감을 느낄 수도 있다. 이에 반해 그룹 즉흥연주는 다른 사람들과의 관계를 경험할 수 있고 그 안에서 자신의 소리나 정체성을 찾아갈 수 있도록 한다. 즉, 다른 사람과의 관계 속에서 자신의 문제를 해결할 필요가 있는 경우 그룹 즉흥연주에 참여하게 된다.

두 번째 변인은 즉흥연주의 수단이다. 목소리, 악기, 신체 중 어떤 것을 사용할지에 관한 것이다. 목소리는 내담자의 내적 정체성을 찾아갈 수 있게 해 주는 가장 직접적인 수단이다. 그렇기 때문에 즉흥연주에서 목소리를 사용할 때는 내담자가 목소리를 사용하는 것에 대한 위험과 부담을 견딜 수 있는지를 고려해야 한다. 반면, 악기는 목소리에 비해 상대적으로 부담이 덜한 수단으로 볼 수 있다. 악기는 제3의 대상으로서 자신을 직접적으로 표현하지 않고 악기에 자신의 생각과 감정, 또는 외부 대상을 투사할 수 있다. 신체는 목소리와 악기의 중간 정도의 부담을 느낄 수 있다.

세 번째 변인은 관련성의 정도이다. 관련적 음악치료란 비음악적 주제가 있는 즉흥연주의 형태를 말한다. 예를 들어, 관련적 즉흥연주는 생각이나 상상, 사건, 이야기 등을 묘사하고 표상하려는 의도가 있다. 즉, 언어화된 경험을 소리로 투사하도록 한다. 이때 음악은 내면에 갇혀서 표현되지 않은 감정들을 떠오르도록 하는 역할을 한다. 관련적 즉흥연주의 예로, 분노에 대한 즉흥연주를 하기로 하고, 연주 후 다시 언어로 그 경험을 명료화시킬 수 있다. 이에 반해 비관련적 즉흥연주는 그 상황의 감정이나 음악적 요소에만 초점을 두고 즉흥연주하는 것을 말한다. 즉, 특별한 비음악적 주제를 가지지 않고 현재의 경험에 초점을 두고 즉흥연주하는 것이다. 예를 들어, 치료사는 내담자에게 지금의 상태를 연주해 보자고 할 수 있고 즉흥연주 후 느낌이 어땠는지를 질문할 수 있다. 즉, 비관련적 음악치료는 치료의 의미를 음악적 관계에서 찾고, 관련적 음악치료는 치료의 의미를 음악 외적인 부분에서 찾는 것이 다른 점이다. 이러한 즉흥연주에서의 음악과 언어의 역할은 〈표 4-11〉과 같다.

〈표 4-11〉 **즉흥연주에서의 음악과 언어의 역할**

음악의 역할		언어의 역할
• 감정적 경험 • 과거 회상 • 경험의 강화와 촉진 • 중요한 사건이나 인물에 대한 투사 • 안전하고 위협적이지 않은 환경 제공 • 억압되어진 감정의 자연스러운 표출 • 무의식의 의식화	vs	• 경험의 명료화 • 감정이나 사고의 정리 • 통찰 • 통합적 사고 • 음악적 경험의 재확인

한편, 즉흥연주는 치료의 방법일 뿐 아니라 진단의 도구가 될 수도 있다. 브루시아(Bruscia, 1987/1998)는 즉흥연주가 평가(assessment)의 도구가 될 수 있다고 주장하며 즉흥연주 진단 프로파일(Improvisation Assessment Profile: IAP)을 개발하였다(〈표 4-12〉 참조). IAP는 내담자의 즉흥연주를 분석하는 평가도구인데, 심리학적 해석을 바탕으로 하고 있다. 내담자가 표현한 즉흥연주를 음악적 요소별로 분석하

여 통합, 변화, 긴장, 일치, 돌출, 자율성의 여섯 가지 측면을 평가한다. 이 여섯 가지 분석 측면은 각각 다섯 단계로 평가되는데, 이 중 중간의 세 단계는 음악적 표현의 보통 또는 정상으로 평가되지만, 양극단의 두 개 단계는 정상에서 벗어난 것으로 간주한다.

〈표 4-12〉 **즉흥연주 진단 프로파일(IAP)**

측면	내용
통합	음악적 요소가 서로 어느 정도 유사한지, 분리되는지, 독립적인지를 평가한다. 미분화　융화　통합　분화　과분화
변형	음악적 요소가 동일한 상태를 유지하거나 변화하는지의 정도를 평가한다. 경직　안정　변형　대조　임의
긴장	음악의 다양한 측면에서 긴장의 정도를 평가한다. 저긴장　평온　순환　긴장　과긴장
일치	연주자의 감정 상태와 역할 관계의 일치성을 평가한다. 중립　일치　중심　불일치　편향
대표성	특정한 음악 요소가 다른 요소보다 두드러지게 나타나는가를 평가한다. 후퇴　순응　기여　통제　압도
자율성	즉흥연주에서 보이는 그룹원들 간의 역할 관계를 평가한다. 의존　추종　동반　주도　저항

즉흥연주 분석에서 가장 중요한 것은 내담자의 소리 표현을 잘 듣는 것이다. 이를 위해 치료사는 내담자의 즉흥연주를 녹음하여 반복해서 듣고 분석하는데, 이때 내담자가 표현한 즉흥연주의 리듬(rhythm), 조성(tonal), 기조(texture), 음량(volume), 음색(timbre)뿐 아니라 내담자의 신체적 움직임과 전체적인 표현성 등을 분석하게 된다. IAP는 내담자의 음악적 특징을 주의 깊게 듣고 분석을 통해 그들을 더 잘 이해하고 파악하기 위한 즉흥연주 평가도구이며, 분석의 초점은 다음과 같다(Bruscia, 1987/1998).

- 음악내적(intra musical) 관계: 내담자가 표현한 즉흥연주에서 각각의 음악 요소들은 서로 어떻게 관련되는가?
- 개인내적(intra personal) 관계: 내담자가 표현한 즉흥연주에서 각각의 음악 요소들은 내담자의 경험, 생각, 행동의 측면들과 어떻게 관련되는가?
- 음악상호적(inter musical) 관계: 내담자가 표현한 즉흥연주에서 각각의 음악 요소들은 치료사 또는 그룹원들의 음악과 어떻게 관련되는가?
- 대인(inter personal) 관계: 내담자가 표현한 즉흥연주에서 각각의 음악 요소들은 치료사 또는 그룹원들의 역할 관계와 어떻게 관련되고 있는가?

(1) 창조적 음악치료(creative music therapy)

창조적 음악치료는 영국의 작곡가 폴 노도프(Paul Nordoff)와 특수교육학자 클라이브 로빈스(Clive Robbins)가 개발한 음악치료 즉흥연주 모델 중의 하나로 노도프 로빈스 모델 혹은 NR 모델로 불린다.

창조적 음악치료는 원래 장애아동의 의사소통을 위한 음악치료에서 시작되었으나 현재는 일반인을 위한 음악심리치료 방법으로도 다양하게 적용되고 있다(Darrow, 2004/2006). 특히 장애가 없는 내담자와 작업하는 노도프 로빈스 음악치료사들은 심리치료의 개념과 이론들을 즉흥연주에 통합시키고자 하였고 이러한 시도는 계속 발전되고 있다.

치료사는 주로 피아노에서 즉흥연주를 하고, 내담자는 북과 심벌, 공명실로폰 등의 악기를 자유롭게 연주한다. 이 모델은 세계 여러 나라의 다양한 스케일(scale)을 사용하며, 치료사와 내담자 간 음악적 상호작용을 중시한다. 대부분 즉흥연주로 진행되나 임상적 의도에 따라 미리 작곡된 곡을 사용하기도 한다. 창조적 음악치료는 비음악적 치료 목적을 표면적으로 드러내지 않고 음악 경험 자체를 중시한다는 점에서 행동주의 음악치료와 차별된다. 즉, 음악을 일차적인 임상적 매개와 변화의 동인으로 간주하며 음악적 변화 자체가 치료적 결과라고 보는 관점에서 행동주의뿐 아니라 다른 치료 모델들과도 차별된다. 그러나 창조적 음악치료가 비음악적 행동의 변화 자체를 무시하는 것은 아니다. 이들은 내담자에게 음악적 변화가 나타날 때 비음악적 행동의 변화는 자동적으로 수반되는 것으로 본다. 따라서 치료사들은 내담자의 음악적 변화에 초점을 두고 즉흥연주를 실행하게 된다.

창조적 음악치료 모델은 '음악아(music child)'의 개념을 강조한다. 그들에 따르면 음악아는 모든 인간에게 존재하는 음악적인 행동이며, 장애나 다른 문제들로 인해 갇혀 있는 이들의 음악아를 깨워 주는 것이 노도프 로빈스 음악치료사의 역할이라 한다(Nordoff & Robbins, 2007). 즉흥연주를 통해 갇혀 있던 음악아를 깨우게 되면 내담자는 스스로에 대한 자각과 삶에 대한 의미와 즐거움을 경험하게 되고, 이는 다른 사람과 의사소통을 하려는 시도로 발전하게 된다는 것이다. 이러한 음악적 경험으로 인해 내담자는 더 성숙한 방식으로 그들의 환경에 적응하게 된다(Turry, 1998). 이 '음악아'의 개념은 매슬로(Maslow)의 인본주의적 개념을 기반으로 하고 있으며 이를 확장한 개념이라고 할 수 있다. 매슬로가 인간의 부족함보다는 개인의 강점과 잠재력을 발전시키는 데에 초점을 둔 것처럼 창조적 음악치료는 갇혀 있는 음악아를 깨워 개인의 잠재된 능력을 발휘하도록 하는 데에 그 목적이 있다. 그리고 이러한 경험은 개인의 자기실현과 성장을 이끄는데, 이것이 바로 노도프 로빈스 음악치료 이론의 배경이 된다(Robbins, 1993). 장애아동을 대상으로 시작한 이 모델은 특별히 아동의 내적 삶을 존중하며 장애아동의 숨겨진 잠재력을 외부로 발현시키기 위한 노력을 중시한다.

한편, 노도프 로빈스 모델에서는 치료사를 임상음악가로 간주하며 치료사의 음악성과 직관을 중시한다. 노도프 로빈스 모델은 작곡적인 요소가 있는 즉흥연주 형태를 추구하며 내담자와 함께 음악을 만들어 가는 데에 초점을 둔다. 이러한 내담자의 능동적 음악 만들기를 뮤지킹(musicing)이라고 한다. 능동적 음악 만들기에 내담자를 참여시키기 위해서는 치료사의 음악성이 중요하지만 음악성만이 노도프 로빈스 음악치료사의 충분 조건은 아니다. 물론 내담자를 음악 만들기에 참여시키기 위해 미적인 음악을 추구하지만 단순히 화려한 음악만을 추구하는 것은 아니다. 내담자를 정서적으로 만족시킬 수 있고 음악으로 초대할 수 있는 매력적인 음악을 추구한다. 여기서 말하는 매력적인 음악이란 내담자가 주관적으로 느끼는 심미적 경험이라 할 수 있다. 또한 노도프 로빈스 모델은 임상적 의도를 가지고 의식적으로 다양한 음악적 요소를 사용하는데 음악의 구조, 형식, 음정, 리듬, 음색, 빠르기, 크기뿐 아니라 선율의 방향성, 불협화음, 종지 등의 음악 요소를 적극적으로 활용한다(Nordoff & Robins, 1998). 이렇게 다른 음악치료 모델에 비해 상대적으로 음악 요소에 대한 분석을 중시하기 때문에 이 모델을 음악중심 모델의 대표적 모델로 꼽기도 한다. 창조적 음악치료 모델의 최종적인 임상적 목적은 내담자의 삶이 풍부해지는 것이다. 즉, 삶이 풍부해지는 방법으로 음악과 음악 경험을 사용하는 모델이라고 할 수 있다. 따라서 노도프 로빈스 음악치료사들은 내담자와 음악적으로 만나기 위해, 그리고 이들을 음악 만들기에 참여시키고 도전시키기 위해, 또한 결과적으로 이들을 성장시키고, 더 나아가 이들의 삶이 보다 풍부해질 수 있도록 하기 위해 즉흥연주를 시도한다. 더불어 노도프 로빈스 음악치료사들은 음악하기(musicing)와 음악(music)을 비교하면서 우울증 환자는 음악을 창조하지 않기 때문에 음악하기에 참여하는 것은 창조적이며 정상화를 위한 작업과 관련된다고 주장한다.

① 목적
- 상호반응성 향상
- 상호교류 향상
- 의사소통 향상
- 자기조절능력 향상
- 표현의 자유
- 창조성의 발현
- 성숙과 성장
- 개인의 잠재력 발전

② 대상

이 모델의 대상은 원래 장애아동으로 시작되었으나 현재는 심리, 의료, 교육 등의 다양한 대상을 포함한 성인과 노인으로 확장되었다.

- 장애아동
- 교육 분야
- 성인 및 노인 분야
- 심리치료 대상자
- 병원 내 입원 환자

③ 절차

창조적 음악치료 모델에서는 내담자와 음악적으로 만나면서 치료가 시작된다. 즉, 내담자가 치료사의 반영적 음악을 인식하고 이에 대해 만족해하는 반응을 보인다면 치료의 시작이 긍정적이라고 할수 있다. 반영적 음악이란 치료사가 내담자의 행동, 정서, 언어, 연주등을 즉각적으로 모방하거나 지지해 주는 즉흥연주의 전략을 의미한다. 내담자는 이러한 경험을 통해 치료사와의 신뢰감을 형성하게되는데, 이러한 치료사와 내담자 간의 신뢰감은 내담자에게 더 많은음악적 반응을 불러일으키게 할 수 있다. 내담자의 반응은 즉흥연주, 즉흥노래, 또는 즉흥적인 몸동작 등으로 표현되며, 어떠한 표현도 지지받게 된다. 충분한 지지적인 경험은 음악적 반응과 상호교류행동을 이끌며, 결과적으로 내담자의 창조성을 발현시킨다.

[그림 4-23] 창조적 음악치료의 과정

(2) 분석적 음악치료(Analysis Music Therapy: AMT)

분석적 음악치료는 소리 표현이라는 수단을 통해 내담자의 무의식을 탐구하는 즉흥연주 방법으로 매리 프리슬리(Mary Priestely, 1975)가 개발한 음악치료 즉흥연주 모델 중의 하나이다. 분석적 음악치료에서는 '연주' 대신 '소리 표현'이라는 용어를 사용하는데, 이는 분석적 음악치료가 내담자의 연주와 노래 등의 음악적 행동뿐 아니라 비음악적인 발성이나 숨소리, 말하거나 외치는 소리, 흐느끼거나 우는 소리 등 일반적으로 음악으로 경험되지 않은 소리들까지 의미를 두고 분석하기 때문이다.

분석적 음악치료에서는 치료사와 내담자 간의 관계가 중요하다. 분석적 음악치료는 정신역동을 이론적 기반으로 두고 있으며, 치료사와 내담자 간의 관계 속에서 나타나는 전이와 역전이를 처리하면서 문제를 해결해 나간다. 다음으로 중요한 것은 음악 혹은 소리 표현이다. 분석적 음악치료에서 음악은 내담자의 무의식적 경험을 의식으로 떠오르도록 하는 데에 핵심적 역할을 한다. 분석적 음악치료의 치료사들은 음악을 통해 재경험하는 것이 언어로만 하는 것보다 감정을 더 잘 명료화하게 한다고 주장한다. 예를 들면, 두려움에 관해 다룰 때 언어로만 하는 것보다 직접 두려움에 관해 연주를 하게 되면 내 안에 있는 두려움의 본질을 보다 더 잘 찾을 수 있다고 한다. 즉, 음악은 내담자의 감정을 해제시키고 방어를 풀어 주는 역할을 하여 의식화 작업에 결정적인 역할을 한다는 것이다. 이처럼 음악이 의식화 작업에 핵심적 역할을 하지만 분석적 음악치료는 음악 경험 자체로 끝나는 것이 아니라 대화를 통해 경험을 정리하고 통찰하도록 한다. 분석적 음악치료의 치료사들은 만일 치료가 음악 경험만으로 끝났다면 순간적으로는 문제가 해결된 것으로 보일 수 있어도 시간이 지나면 다시 그 문제가 나타날 수 있다고 주장한다. 따라서 분석적 음악치료에서는 음악 경험 이후 반드시 대화를 통해 경험을 확인하고 통찰하는 과정을 갖는다.

한편, 분석적 음악치료에서는 무조음악을 사용하기도 한다. 분석적 음악치료는 음악 자체의 심미적 경험이 치료의 목적이 아니므로 내면을 탐색하고 무의식적 경험을 돕기 위해 조성이 없는 무조 음악을 사용하기도 한다. 이때 무조음악은 무의식으로 가는 통로가 될 수 있다. 상대적으로 조성음악은 특정 심상을 만들거나 과거 경험을 회상하는 데에 도움이 될 수 있으나 의식세계 이면의 보다 깊은 무의식적 경험을 위해서는 무조음악이 더 효과적으로 사용될 수 있다.

분석적 음악치료는 재경험하기 위해 연주한다. 즉, 내담자의 과거 경험과 무의식 등의 이슈를 다시 경험하도록 하기 위해 연주하고 표현하는 것이다. 또한 분석적 음악치료는 저항과 함께 작업해 나간다. 저항은 때로는 치료의 실마리가 되기도 하므로 내담자의 공격성도 임상적 의도에 따라 외부로 표출될 수 있도록 한다.

치료 초기에는 주로 대화로 시작한다. 대화를 하면서 주제를 찾을 수 있으며, 대화를 통해 주제를 찾을 수 없을 때는 자유즉흥연주를 통해 주제를 정하기도 한다. 주제 선정을 마치면 즉흥연주를 하는데, 주제에 따라 치료사와 내담자, 혹은 그룹원들은 각각의 역할을 정하여 연주한다. 주제는 긍정적인 것일 수도 있고 부정적인 것일 수도 있는데, 긍정적인 주제만 사용하기보다는 다양한 감정을 다루는 것이 필요하다. 오히려 즉흥연주를 통해 차단된 감정을 처리하게 함으로써 내담자가 자신의 감정을 적절하게 처리할 수 있도록 지원하는 것이 중요하다.

분석적 음악치료에서는 모든 음악적 반응이 의미가 있는 것으로 간주한다. 즉, 내담자가 어떤 악기를 선택하는지부터 소리의 배열, 리듬동조 수준, 연주의 크기, 연주의 속도 등 내담자의 모든 행동이 의미 있는 것으로 간주되고 분석된다. 따라서 다양한 악기를 준비하여 내담자가 자신의 정체성을 반영한 악기를 선택하는 것으로 즉흥연주를 시작할 수 있도록 해야 한다. 즉흥연주를 마치면 즉흥연주

〈표 4-13〉 **치료사와 음악의 역할**

치료사의 역할	음악의 역할
• 내담자의 감정을 수용하고 유지시킬 수 있어야 함. • 내담자의 공격적 행동도 잘 담아 줄 수 있어야 함. • 내담자의 내적인 목소리에 귀 기울여야 함. • 내담자가 재생산할 수 있도록 도와주어야 함. • 내담자가 자신의 내외적 경험을 이야기할 수 있도록 대화를 이끌 수 있어야 함.	• 안전하게 표현할 수 있는 환경을 제공함. • 저항 부분에서 감정을 대면할 수 있도록 함. • 퇴행의 통로가 됨(의식과 무의식의 통로가 됨). • 지금 그 사람의 모습을 반영해 줌. • 모호성에 관해 탐구해 볼 수 있도록 함. • 공격성을 외부로 표출할 수 있도록 함. • 방어기제를 적게 사용할 수 있게 함.

경험에 대해 토의를 한다. 음악 경험에 대한 심층 토의는 내담자가 자신을 이해하고 통찰하는 데에 도움을 준다. 〈표 4-13〉은 즉흥연주에서의 치료사와 음악의 역할을 각각 설명한 것이다.

① **목적**
- 통찰의 경험
- 무의식의 의식화
- 관계에 대한 탐구
- 과거로부터 발생된 현재의 문제를 처리
- 과거 경험의 재경험과 통찰
- 감정적 이슈에 대한 통찰
- 감정의 직면

② **대상**

분석적 음악치료의 대상은 자신의 문제를 인식할 수 있고 현실감각이 있어야 하며 스스로 통찰할 수 있어야 한다.

- 외상 환자
- 불안장애 환자
- 스트레스 환자
- 과거의 무의식적 경험으로 인해 현재 생활에 어려움을 보이는 자
- 삶에 대한 통찰이 필요한 성인

③ **절차**

분석적 음악치료에서 치료는 대화를 통해 이슈를 찾는 것으로 시

작된다(Bruscia, 1998/2006). 내담자가 최근 무엇을 느끼고 사고하고 행동하며 지냈는지에 대해 이야기하며 즉흥연주에서의 이슈를 찾아 간다. 이슈를 찾았다면 역할을 정하게 된다. 내담자는 자신의 역할 뿐 아니라 치료사의 역할도 정할 수 있다. 예를 들어, 내담자는 어떠한 사건의 피해자가 될 수도 있고 가해자가 될 수도 있다. 반대로 치료사가 피해자의 역할을 할 수도 있고 가해자의 역할을 할 수도 있다. 역할을 정하는 것은 내담자의 무의식적 측면이 반영될 수 있으므로 중요하다. 역할이 정해지면 악기를 선택하여 즉흥연주를 시작한다. 즉흥연주는 내담자의 무의식적 측면이 많이 드러나게 된다. 따라서 치료사는 연주에서 표출되는 내담자의 음악적·비음악적 행동을 깊이 관찰해야 한다. 겉으로 보이는 행동뿐 아니라 내담자의 숨겨진 의도를 파악해야 한다. 연주를 마치면 음악 경험에 대해 심층적으로 토의한다. 토의를 위해 녹음한 즉흥연주를 다시 들어보기도 한다. 녹음된 연주를 다시 들으면서 내담자가 자신의 음악적 행동의 원인에 대해 생각할 수 있도록 중재하는 것이 중요하다. 예를 들어, 리듬 동조가 되었다면 그 느낌이 편했는지 혹은 불편했는지에 대해 물어볼 수 있다. 또는 음악이 전혀 관련적이지 않았다면 연주 당시 그것을 의식했는지, 느낌은 어땠는지 등을 물어보면서 현재의 삶과 관련지어 생각해 볼 수 있도록 하는 것이 중요하다.

[그림 4-24] 분석적 음악치료의 과정

(3) ABA구조를 활용한 그룹 즉흥연주

ABA구조를 활용한 그룹 즉흥연주는 미리 작곡된 곡의 일부 구간에서 솔로(solo)로 즉흥연주할 수 있도록 하는 음악치료 전략이다. 이는 론도(Rondo) 형식과 유사하다. 치료사는 기존 곡을 활용하거나 사전에 작곡한 곡을 활용할 수 있는데, 그룹원들은 음악이 시작되면(A) 자유롭게 다함께 즉흥연주를 시작하지만 노래의 일부 구간(B)에서는 개별적인 즉흥연주의 기회를 제공받게 된다.

ABA구조를 활용한 그룹 즉흥연주는 즉흥연주가 부담스러운 대상자들에게 안전하고 편안한 환경에서 자기표현의 기회를 갖도록 한다. 노래가 반복되기 때문에 예측이 가능해 상대적으로 편안하게 참여할 수 있고, 또한 반복된 기회를 통해 점점 세련된 타입의 연주를 보여 줄 수 있어 성취감을 갖도록 도울 수 있다. 또한 기존의 익숙한 곡을 사용하거나 미리 작곡된 곡이기 때문에 연주를 통해 음악적 심미감을 경험할 수 있다. ABA구조는 가요나, 동요, 재즈 등 다양한 음악을 활용할 수 있기 때문에 내담자의 연령이나 선호를 고려하여 음악을 선곡할 수 있는 장점이 있다. [악보 4]는 ii-V-I 코드 진행을 반복하여 사용한 청소년을 위한 ABA구조의 그룹 즉흥연주곡의 예이다. ii-V-I 코드 진행은 예측 가능한 진행으로 내담자가 편안하게 느낄 수 있으며 각 코드마다 7음을 사용하여 세련된 느낌을 제공한다. 또한 솔로 구간에서는 치료사가 내담자의 연주에 대한 반영적인 연주를 하여 내담자가 지지받는 느낌을 받도록 하거나 치료사가 의도적으로 음악적 공간을 제공해 내담자의 음악이 드러나도록 하는 등 융통성 있는 즉흥연주가 가능하다.

연주해요

양은아 작사 · 작곡

① 목적

- 자기표현
- 감정 표출
- 성취감 경험
- 심미적 경험
- 감각의 세련화
- 음악적 즐거움 제공
- 대인교류 향상
- 사회성 향상

② 대상
- 아동
- 청소년
- 성인
- 노인
- 입원 환자
- 스트레스 환자
- 불안 환자
- 중독 환자

③ 절차

ABA구조를 활용한 그룹 즉흥연주 활동은 먼저 악기를 소개하는 것으로 시작한다. 이때 그룹원 수의 2배수 정도의 악기를 준비하여 내담자들이 자유롭게 악기를 탐색하고 선택할 수 있는 기회를 주는 것이 좋다. 악기는 리듬악기와 선율악기, 효과악기로 구분된다. 리듬악기는 북과 심벌, 젬베, 개더링 드럼, 탬버린, 우드블럭 등의 리듬을 연주할 수 있는 악기이며, 선율악기는 실로폰과 핸드벨, 차임, 나팔(Horn) 등의 멜로디나 화성을 연주할 수 있는 악기를 말한다. 효과악기는 오션드럼이나 윈드차임, 레인스틱, 선더드럼 등과 같이 파도소리, 바람소리, 빗소리, 천둥소리 등을 표현할 수 있는 악기를 말한다. 소리의 질감뿐 아니라 소리의 크기도 작은 소리부터 매우 큰 소리까지 표현할 수 있는 다양한 악기를 준비하는 것이 좋다. 내담자가 솔로로 연주를 하게 되므로 솔로 연주를 하기 충분한 수준의 악기를 제공해 주는 것이 중요하다. 예를 들어, 캐스터네츠나 트라이앵글 하나만으로는 솔로 연주를 하기에는 다소 불충분할 수 있다.

반면, 스네어드럼이나 심벌과 같은 악기는 소리의 크기와 질 등을 충분히 다양하게 표현할 수 있으므로 상대적으로 솔로 연주하기에 적합하다. 또한 실로폰을 제공해 주어 선율이나 화성감을 표현하도록 하는 것도 좋다. ii-V-I 진행은 7th chord의 활용으로 불협화음을 최소화하여 내담자가 음악적 지식이 충분하지 않아도 심미감을 줄 수 있도록 고안된 음악치료 기법 중의 하나이므로 자유롭게 활용하면 좋다. ii-V-I 코드진행을 활용하여 즉흥연주를 할 때에는 내담자에게 중간 도(C)에서부터 높은 도(C)까지 한 옥타브의 음을 제공해 주면 된다. 음을 개별적으로 선택하여 제공해 줄 수 있는 실로폰으로 레조네이터벨이 있다. 이 악기는 필요한 음들만 선택하여 제공해 줄 수 있으므로 음악치료 임상에서 자주 사용되는 악기이다. 연주를 반복하면서 내담자의 연주가 점점 다양해지고 세련되어질 수 있으므로 충분한 솔로의 기회를 주는 것이 좋다. 보통 각 내담자들에게 최소 5~6번 정도의 솔로 기회를 준다. 중간에 악기를 바꾸어서 연주할 수도 있다. 솔로 연주가 중요하지만 솔로 연주 중간마다 A부분 (다함께 동시에 연주)을 반복하여 전체 내담자가 많이 기다리지 않고 연주에 적극적으로 참여하도록 하는 것이 좋다. 다함께 동시에 연주함으로써 그룹 응집력을 느낄 수 있고 그 시간 동안 자신의 솔로 연주를 미리 연습해 볼 수도 있다.

4) 재창조연주를 활용한 방법

재창조연주는 기존의 곡이나 미리 작곡된 곡을 내담자가 연주하는 음악치료 방법을 말한다. 기존의 노래를 함께 부르거나 합주하는 것도 포함되는데, 일반적인 음악 활동과 다른 점은 치료의 목표가 음악 외적인 행동의 변화에 초점을 두고 있다는 점이다(이은혜, 김영신, 2022). 즉, 악기를 연주하거나 노래를 하는 음악 행위가 음악적 완성을 위한 것이 아니라 내담자의 자기표현력 향상이나 다른 사람과의 교류 증진 등의 비음악적 치료의 목적을 갖는다. 그렇기 때문에 반복해서 연주를 수행하여 음악을 완성시키지만 목표는 음악의 완성이라는 결과보다는 음악을 경험하는 과정에 있다. 즉, 음악을 성공적으로 완성시키기 위해 다른 사람의 소리에 귀를 기울이고, 협력하고, 기다려 주고, 자신의 차례에는 책임감을 갖고 연주를 수행하는 것이 중요하게 간주된다.

재창조연주는 내담자의 발달적 기능의 정도에 따라 색깔이나 숫자 등의 기호악보를 사용할 수도 있다. 기호악보는 오선악보 대신 사용하는데, 음악적 교육을 받지 않은 내담자들도 쉽게 참여할 수 있도록 고안된 음악치료 방법 중의 하나이다. 내담자는 자신의 악기에 표시된 색이나 기호와 동일한 표시가 나올 때마다 연주를 하면 되기 때문에 인지 수준과 상관없이 안전한 환경에서 부담 없이 음악 연주를 할 수 있도록 돕는다. 치료사는 내담자가 자신의 차례나 파트를 잘 지켜서 연주할 수 있도록 지휘를 하거나 손지시(que)를 줄 수 있고 내담자의 발달 단계에 맞춰 라이브 반주와 음원 중 선택하여 사용할 수 있다. 선곡에서부터 편곡, 악기, 악보 등의 선택은 내담자의 발달 단계와 임상적 의도에 따라 다양하게 적용할 수 있다. 이러한 재창조연주는 음악치료에서 매우 보편적이면서도 자주 사용되는 방법 중의 하나이다.

(1) 목적
- 성취감 향상

- 성공적 경험
- 자아존중감 향상
- 사회기술 향상
- 책임감 향상
- 주의집중력 향상
- 충동 조절
- 타인과의 교류 증진
- 사회적 상황에서의 역할 행동 학습
- 예술적 · 심미적 경험

(2) 대상

재창조연주는 치료사의 지시를 따라 연주를 수행할 수 있는 모든 대상이 참여할 수 있다.

- 장애/비장애 아동 및 청소년
- 일반 성인
- 정신과 입원 환자
- 중독 환자
- 노인
- 직장인
- 다양한 커뮤니티 집단

(3) 절차

재창조연주는 연주를 하기 전에 노래에 익숙해질 수 있도록 다함께 반복해서 노래를 부른다. 재창조연주에서는 특히 노래가 익숙해야 연주에 대한 동기가 생기고, 연주가 완성되었을 때 성취감을 갖게 되므로 반복해서 함께 노래를 불러 곡이 익숙해지도록 해야 한다. 노래가 익숙해졌다면 각 파트별로 악기를 연주해 보고, 이후 모든 파트가 동시적으로 연주해 본다. 음악이 완성될 때까지 반복하여 연주해 보는데, 대개 치료사의 손지시나 기호악보를 활용한다.

(4) 선곡 시 고려할 점

대부분의 내담자는 익숙한 곡을 선호한다. 따라서 재창조연주 활동에서는 새로운 곡을 작곡하기보다는 기존의 곡을 사용하는 것이 내담자의 참여를 이끌 수 있다. 또한 재창조연주 시 내담자의 연령을 고려해 선곡해야 한다. 아동은 동요나 가요, 청소년 및 성인은 대개 가요나 팝을 선호한다. 노인의 경우는 민요나 트로트를 선호하지만 대부분은 젊은 시절 유행했던 곡을 좋아하므로 이를 고려하여 선곡하는 것이 좋다. 연령뿐 아니라 내담자나 그룹원들의 사회문화적 특성도 고려해야 한다. 마지막으로 개별적인 선호도를 파악해서 선곡을 하는 것이 좋다. 선호도 외에도 연주를 하기에 적절한지 각 그룹원들의 발달적 수준을 고려하는 것이 좋다. 악기의 선택도 중요하다. 선곡된 곡을 표현하기에 좋은 악기를 선택해야 한다. 예를 들어, 서정적이고 느린 곡을 연주할 때에 드럼과 심벌은 그 음악을 적절히 표현하기에 어려움이 있을 수 있다. 그 외에도 음악의 구조나 형식, 화성이나 선율, 리듬, 다이내믹 등의 음악적인 요소도 고려하여 임상적으로 재창조연주곡으로서 적절한지를 잘 가늠해야 한다.

음악치료 임상에서는 재창조연주도 즉흥적 태도의 전략을 사용하는 것이 좋다. 왜냐하면 아무리 좋은 노래라고 하더라도 기계적인 반복은 지루해지기 때문이다. 재창조연주는 대개 성공할 때까지 선정된 한 곡을 반복하여 연주하기 때문에 템포나 볼륨, 시간적 흐름 등에 있어 변화가 없는 기계적인 연주는 내담자에게 지루함을 줄 수도 있다. 따라서 치료사는 기존 노래로 재창조연주를 하더라도 즉흥적인 태도를 활용하여 연주를 반복하더라도 지루함을 느끼지 않도록 해야 한다. 즉흥적인 태도는 템포나 볼륨에 변화를 주어가면서 연주를 실행하는 것이 가장 일반적이다. 이 외에 중요한 타이밍에 의도적으로 음악적 지연을 사용하는 것, 그리고 일정 부분을 반복하여 긴장과 해결의 경험을 제공하는 것 등이 있다.

재창조연주는 가요나 동요, 팝, 고전음악 등 모든 음악을 사용할 수 있다. [그림 4-25]는 곡의 일부분인 후렴 부분에서 색깔악보를 사용한 예이다. 내담자는 음악의 흐름에 따라 해당되는 부분에서 자신이 맡은 색의 악기를 연주하면 된다. 이때 [그림 4-25]의 경우처럼 가사의 내용을 음미하는 것이 활동에서 중요한 초점이 되거나 심리적인 치료의 목적을 가진 경우라면 치료사의 라이브 반주로 내담자의 연주를 그대로 반영해 주는 것이 좋다. 왜냐하면 내담자가 연주를 틀리지 않기 위해서만 집중하는 경우 가사나 음악 자체를 충분히 경험하는 것이 제한될 수도 있기 때문이다.

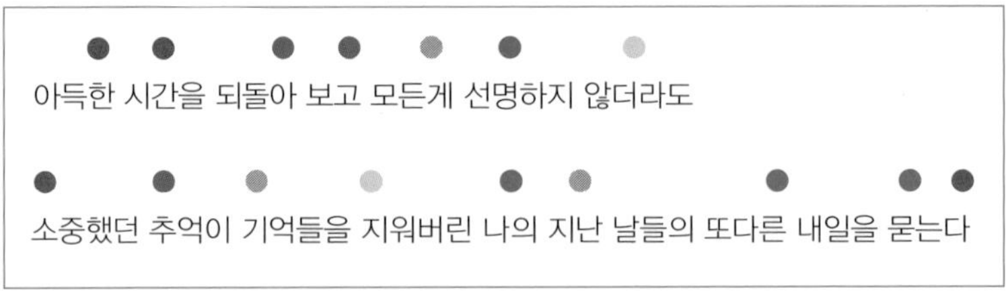

[그림 4-25] 가요를 사용한 색깔악보의 일부[5]

출처: 제이레빗, 〈내일을 묻는다〉(2010)

---

5) 차임연주를 위한 색깔악보로서 각 색깔별로 화성이 지정되며, 내담자들은 각기 다른 색을 맡아 해당 색깔에서만 연주하게 된다.

[그림 4-26]은 고전음악인 라테츠키 행진곡의 주제 일부를 기호악보로 표기한 것이다. 마찬가지로 내담자는 자신이 맡은 악기의 기호를 확인하고 음악의 흐름에 맞춰 악보의 기호를 보고 연주하면 된다. 반주는 대개 치료사의 라이브 반주로 하지만 음원을 사용하기도 한다. 치료사의 라이브 반주인 경우 내담자의 연주 속도를 맞춰 줄 수 있는 장점이 있다. 반면, 음원을 사용할 경우에는 피아노나 기타 반주에 비해 훨씬 풍성한 사운드를 제공해 줄 수 있기 때문에 상황에 맞게 선택하면 된다. 예를 들어, 아동의 집중력 향상이 목적인 경우라면 정확한 타이밍에 연주할 수 있도록 음원을 사용할 수도 있다. 이때 음원은 아동이 타이밍을 놓치지 않고 연주할 수 있도록 가이드를 제공해 줄 수 있다.

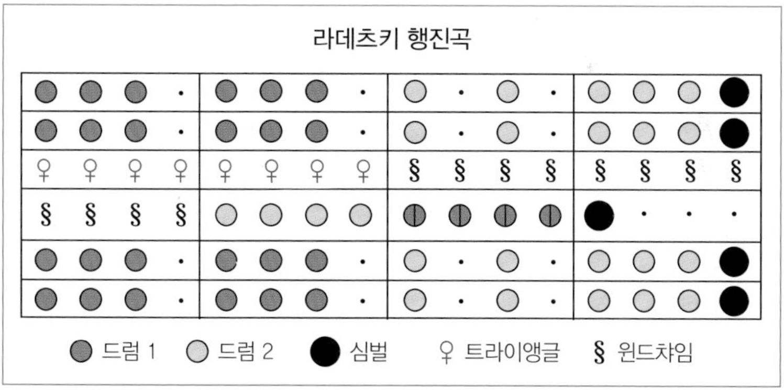

[그림 4-26] 고전음악을 활용한 재창조 기호악보의 일부

5) 커뮤니티 음악치료

커뮤니티 음악치료(Community Music Therapy: CoMT)는 생태학적 의미와 관계적 의미를 갖는 공동체적 음악 만들기 활동으로 정의될

수 있다. 생태학적 의미는 '장소'와 관련된다. 즉, 하나의 장소에 모여서 하는 집단 활동을 의미한다. 관계적 의미란 '인간관계'를 말한다. 이는 공동체적 음악 만들기 활동에 참여함으로써 그 안에서 참여자들끼리의 인간관계에 의미를 두는 것으로 설명될 수 있다. 즉, 커뮤니티 음악치료는 같은 공간에 모여서 사회적 관계 형성을 목적으로 하는 공동체적 음악하기(musicking)라고 설명할 수 있다. 그러나 인터넷 사용이 보편적인 현대에는 지리적인 '장소'보다는 '관계'에 의미를 두는 것이 커뮤니티 음악치료를 더 잘 설명할 수 있을 것이다(Stige & Aarø, 2012/2021).

커뮤니티 음악치료는 1980년대 이후 미국을 중심으로 생태학적 기반의 음악치료가 실행되고(Bruscia, 1998/2006), 음악적 경험이 음악치료 영역 밖에서도 사회적 상호작용의 유익과 공동체적 경험을 할 수 있다는 주장과 함께 새로운 패러다임으로 부상하게 되었다(Ansdell, 2002; Ansdell, 2016). 이러한 커뮤니티 음악치료는 행동과학적인 기존의 음악치료와는 다소 다른 접근 방식을 추구하며, 내담자 개인의 이슈에 초점을 두기보다는 공동체적 음악하기를 중시하기 때문에 음악중심 음악치료로 간주되기도 한다(Aigen, 2005/2011).

그러나 음악중심 음악치료가 음악 경험 그 자체를 치료의 결과로 간주하는 것에 비해 커뮤니티 음악치료는 참여자들 간 사회적 관계에 보다 집중하는 차이를 보인다. 이러한 커뮤니티 음악치료는 새로운 모델이라기보다는 음악치료의 마무리 단계에서 실행한 음악회나 음악치료 종결 이후의 작업, 혹은 음악치료와 그 외의 분야 간의 협력적 결과들을 하나의 모델로 제시하려는 학문적 시도이다. 즉, 음악치료의 주류는 아니지만 음악치료 임상에서 예전부터 해 왔던 것들을 현대에 들어와서 하나의 모델로 간주하려는 시도로 볼 수 있다.

커뮤니티 음악치료의 대표적인 예로 장애인들로 구성된 합창단이나 오케스트라 혹은 비장애인과 장애인이 함께 구성된 음악단체 등을 들 수 있다. 현재 영국, 이스라엘, 미국을 중심으로 커뮤니티 음악치료가 실행되고 있으며, 국내에서도 장애인, 노인, 이주여성, 이주노동자, 재소자, 탈북아동, 다문화인 등을 대상으로 공동체적 개념을 도입한 커뮤니티 음악치료 접근이 실행되고 있다(최아란, 2019). 다음은 국내 음악치료사들이 참여한 커뮤니티 음악치료의 예이다.

- 문화예술지원사업
- 치유음악회 힐링 음악치료
- 찾아가는 음악회
- 기업별 문화예술 사회공헌
- 주민치유 음악회
- 장애인 음악회
- 실버 합창단
- 가족 음악회
- 세월호 사건 등 국가 재난 관련 주민치유프로그램 및 음악회
- 코로나 극복 음악회
- 문화예술 사회 치유 프로그램
- 문화예술치유 사회통합 프로그램
- 장애아동 어머니 음악회
- 탈북아동 치유음악회
- 다문화아동 치유음악회

이미 언급한 것처럼 커뮤니티 음악치료는 과거 음악치료의 비주류로 간주되어 장기간 음악치료 서비스를 받은 내담자에게 서비스 차원에서 열어 주는 음악회 정도로 취급 받기도 했다. 그러나 최근 사회적으로 건강에 대한 새로운 개념이 당연시하게 받아들여지고 있고, 개인의 삶의 질에 대한 관심이 증가됨에 따라 커뮤니티 음악치료는 그 어떠한 음악치료 모델보다도 중요한 모델로 간주되고 있다.

다음은 1946년 세계보건기구(WHO)가 제시한 건강에 대한 정의이다.

> "건강은 완전한 신체적, 정신적, 사회적 안녕감의 상태이며, 단순히 질병이나 허약함의 부재를 의미하는 것이 아니다. 얻을 수 있는 가장 높은 수준의 건강 표준을 향유하는 것은 종교, 정치적 신념, 경제적 혹은 사회적 조건의 차별 없는 모든 인간의 기본적 권리 중 하나이다."

즉, 건강의 적극적인 측면을 묘사할 때 현대에는 안녕감(well-being), 삶의 질 및 생활 만족도 같은 개념이 강조되고 있다. 이러한 건강에 대한 개념의 변화와 함께 커뮤니티 음악치료는 음악치료에서 더 기대되는 모델로 평가받고 있다. 이렇게 1990년대 행동주의적인 입장을 강조하던 음악치료가 예술적인 경험과 인간관계, 그리고 생태학적인 임상적 환경을 강조하는 커뮤니티 음악치료에 대해 관심을 갖는 것은 미래 음악치료에 대한 방향을 예견하는 데에 도움이 되며 또한 음악치료 영역의 확대로 해석될 수 있다.

본래 커뮤니티 음악치료는 중앙, 동, 서아프리카에서의 다양한 응고마 전통[6]에서 유래되었다(Stige & Aarø, 2012/2021). 응고마 전통에서는 부족원들의 협력적 음악 만들기가 치유에 있어 중요한 역할을 담당한다. 커뮤니티 음악치료는 지역 주민이나 단체가 함께 음악을 만들어 간다는 데에서 웅고마의 전통과 비교할 수 있다. 커뮤니티 음악치료는 개별적인 치료와 재활보다는 음악 만들기에 참여하는 이들의 사회적 · 정신적 건강과 자립을 목적으로 하며, 나아가 지역 사회의 건강한 발전을 추구하는 등의 넓은 의미를 갖는다. 따라서 커뮤니티 음악치료는 장애인, 노인, 이민자, 난민과 같은 취약 계층에게 빈번히 일어나는 고립과 소외에서 그들이 벗어날 수 있도록 돕는 사회적 행위와 관련된다. 이는 보편적으로 치료에서 다루었던 내담자들의 개인적 문제의 수준을 초월하여 참여자들의 희망, 자원 찾기, 행복감, 소속감, 안녕감 등 조금 더 넓은 의미에서의 건강증진을 목적으로 하는 음악 행위라고 볼 수 있다(Stige & Aarø, 2012).

(1) 목적

- 고립감 감소
- 소속감 제공
- 사회적 경험 제공
- 자원 찾기
- 행복감 제공
- 안녕감 제공
- 사회 소외 계층의 자립
- 건강한 사회 구현

---

6) 콩고어로 '북'이라는 뜻이며 중남부 아프리카에서 연주되는 나무로 만든 북을 지칭한다. 전통 춤이나 민속행사를 의미하는 말로도 사용된다. 웅고마는 주로 반투어를 사용하는 부족들이 연주하는 것으로 알려져 있다

(2) 대상

- 지역 주민 누구나
- 장애인
- 노인
- 노숙자
- 이민자
- 난민
- 재난지역 주민

커뮤니티 음악치료는 한 가지 이론이나 접근 방법만을 사용하는 것이 아닌 내담자의 필요와 사회문화적 맥락, 그리고 특정 음악 행위가 포괄적으로 고려되어야 한다. 중요한 것은 사람들이 음악 경험에 참여하는 과정이며 음악을 통해 성장할 수 있도록 돕는 것이다(Ansdell, 2002). 또한 커뮤니티 음악치료는 음악 만들기와 관련하여 공연을 중요한 가치로 여기며 치료의 과정에서 연주는 중심적 역할을 한다(Ruud, 2010). 임상가들은 커뮤니티 음악치료를 실행함에 있어 참여적, 자원지향적, 생태학적, 수행적, 활동가, 반영적, 윤리적 영역의 일곱 가지 실행 기반을 제안한다(최아란, 2019). 〈표 4-14〉는 커뮤니티 음악치료 실행 기반을 설명한 것이다.

〈표 4-14〉 커뮤니티 음악치료 실행 기반: PREPARE

커뮤니티 음악치료 실행 기반	내용
Participatory (참여적)	커뮤니티 음악치료는 참여자가 사회에 통합되어 고립감과 소외감을 겪지 않도록 하며, 인정받는 경험에서부터 개인의 정체성의 개발까지 지원한다.

Resource-oriented (자원 지향적)	커뮤니티 음악치료는 개인적 자원과 관계적 자원, 지역사회 자원을 활용하여 사회문제 해결을 도모한다.
Ecology (생태학적)	커뮤니티 음악치료는 개인과 집단, 조직과 지역의 거시 체계 속의 다양한 상호작용 수준의 활동이 이루어져 참여자들이 고립에서 벗어날 수 있도록 한다.
Performative (수행적)	커뮤니티 음악치료는 연주 및 공연이 중심적 역할을 하며 인간 발달에 초점을 둔다.
Activist (활동가)	커뮤니티 음악치료는 참여과정에서 활동가적 실행 기반을 통해 문제를 인식하고 해결해 나갈 수 있다.
Reflective (반영적)	커뮤니티 음악치료는 참여자의 현실적 문제를 실행과정에 적극적으로 반영하는데 상호 존중과 인정을 통해 참여자가 성찰, 반영할 수 있는 토론적인 상황을 조성시킨다.
Ethic-driven (윤리적)	커뮤니티 음악치료는 참여자의 병리학적 문제에 초점을 두고 있지 않고, 개인과 커뮤니티의 건강과 복지와 같은 치료적 목적을 통해 자유, 존중, 평등과 같은 가치관이 실현될 수 있도록 한다.

커뮤니티 음악치료는 주로 오케스트라(orchestra)나 합창단의 형태를 보이는데, 참여하는 대상이나 규모, 형태 등은 다양하다. 때로는 야외에서 진행되는 버스킹(busking)[7]의 형태로 진행되기도 하며, 장애인을 포함한 특정인들의 악기 교육까지 다양하게 접근할 수 있다. 오케스트라는 그룹별로 묶인 많은 수의 기악 연주자의 집합체를 말하며 이는 각 연주자가 그룹적 편성의 집단성과 연주 기법의 동일성에 묶인 것을 의미한다. 때문에 집단 정신이 크게 요구된다(Michels, 2000/2005). 따라서 오케스트라로 구성된 공동체에서 음악

---

7) 버스킹은 '길거리에서 공연하다'라는 의미의 버스크(Busk)에서 유래했는데, 주로 음악가들이 길거리에서 공연하는 것을 뜻한다.

하기에 참여한다는 것은 집단 구성원들 간의 협력적 관계를 필수적으로 요구받게 된다. 구성원들 간의 협력을 통한 성공적인 음악 연주 경험은 그들의 관계를 더욱 돈독히 하고 소속감을 갖도록 하여 사회구성원으로서 고립감을 피할 수 있도록 한다. 가장 대표적인 예로 장애인 오케스트라를 들 수 있다. 장애인 오케스트라는 장애인, 또는 장애인과 비장애인들로 구성된 오케스트라 단체로서 소규모의 아마추어(amateur) 단체부터 국내외 정기 공연을 하는 전문적 오케스트라까지 다양하다. 전국 시·도 차원에서 지원하는 장애인 오케스트라와 각종 장애인 예술과 관련된 축제들은 점점 늘어나고 있으며 이에 참여자의 수도 늘어나고 있다. 최근 발달장애인과 뇌병변장애인 20여 명으로 구성된 한 장애인 오케스트라 단원들이 지역 병원에 정규직 직원으로 취업을 하기도 했는데(연합뉴스, 2021), 이는 커뮤니티 음악치료가 추구하는 사회적 소속감과 참여자들의 자립이라는 목적을 성취한 좋은 예라고 할 수 있다. 이 외에도 합창단, 버스킹, 음악회, 장애인 악기 교육 등 다양한 형태의 커뮤니티 음악치료가 실행되고 있다.

이러한 커뮤니티 음악치료는 그동안 음악치료에서 음악을 수단으로 사용했던 것과는 달리 예술적 완성에 의한 심미성이 결과에 중요한 요소로 작용된다. 따라서 커뮤니티 음악치료의 참여자들은 음악을 성공적으로 완성시키기 위해 자신이 맡은 파트를 연습하고 다른 파트와 협력한다. 이러한 과정 속에서 그들은 다른 사람과의 관계를 경험하며 성공적인 결과는 그 관계를 더욱 강화하게 된다. 이러한 음악적 경험은 결과적으로 사회적 관계를 맺게 하여 고립감에서 해방되도록 하고 소속감과 일체감을 경험할 수 있게 해 주며, 나아가 개인의 행복과 삶의 질을 향상시킬 수 있다.

(3) 커뮤니티 음악치료 실행 시 고려 사항

커뮤니티 음악치료는 연주와 공연을 중시하기 때문에 이를 리드하는 음악치료사의 역할도 기존의 음악치료 영역에서와는 다를 수 있다. 예를 들어, 공동체 음악치료의 한 형태인 장애인 오케스트라를 지도하는 음악치료사라면, 기본적으로 전문 지휘자의 역할을 담당할 수 있는 자질이 있어야 한다. 이와 더불어 참여자들을 이해하고 치료적인 목적을 성취할 수 있는 임상적 자질 또한 필요하며, 리더로서의 공연에 대한 기획력, 홍보력 등을 추가로 요구받을 수 있다. 혹은 지역사회의 전문 음악인을 공동체 음악치료의 일원으로 초빙해야 할 수도 있다. 또한 오케스트라 단원들의 악기 구입이나 장소 섭외 등 경제적 자원 확보를 위한 노력이 필요할 수 있다. 기존 행동주의적인 입장을 고수하는 음악치료사라면 이러한 커뮤니티 음악치료를 실행할 때 정체성의 혼란을 경험할 수도 있을 것이다. 그러나 커뮤니티 음악치료는 기존의 행동주의적 입장의 음악치료를 부정하거나 거부하는 것이 아닌 음악치료 영역의 확장으로 이해하는 것이 더 적절할 것이다.

제5장
대상별 음악심리치료 적용 사례

음악심리치료는 아동부터 노인에 이르기까지 다양한 방법으로 적용될 수 있다. 이 장에서는 임상 현장에서 적용되는 사례들을 소개할 것이다.

1. 영유아를 위한 음악심리치료

치료사 소개: **한정우 음악치료사**(The Hospital For Sick Children)

➡ 음악치료사 한정우는 음악의 힘으로 사람들의 마음을 치료하는 것을 목표로 공부하며 임상에 임하고 있는 음악치료 사이다. 현재 토론토 소재 아동전문 종합 병원인 The Hospital For Sick Children (SickKids)에서 Creative Arts Therapy 팀에 소속된 음악치료사로 일하고 있으며, 혈액종양병동(Haematology/Oncology) 과 신경외과병동의 입원 환자를 대상으로 음악치료를 시행하고 있다. 치료가 쉽지 않은 병마와 싸우는 환자와 그 가족에게 필요한 지원을 하기 위하여, 본 병원의 음악치료사들은 여러 다른 전문 분야와 협력하여 목표를 설정하여 서비스를 제공하고 있다.

숙명여자대학교 특수대학원에서 음악치료 석사를 마친 뒤, 음악심리치료 공부를 위해 캐나다의 Wilfrid Laurier University에서 석사학위를 취득했다. 현재 캐나다음악치료협회(CAMT)에 소속되어 MTA(Certified Music Therapist) 자격으로 임상을 하고 있다.

제목: 〈하트비트 송(Heartbeat Song)〉

개요:

이 사례는 2년에 걸친 항암치료 및 완화의료 여정의 끝자락에서 Y와 그의 가족과 함께한 음악치료 과정을 담고 있다. 음악치료사는 Y가 B-세포형 급성 림프구성 백혈병(B-cell ALL)[1]으로 투병생활을 시작한

후 얼마 되지 않았을 때 병동에서 처음 만났다. 음악치료 개입의 목적과 활동은 항암치료 시기와 완화의료 시기로 나누어졌다. 항암치료 시기에는 발달과정에 부합하는 음악 활동과 가족 유대 강화를 위한 활동이 주를 이루었고, 완화의료 시기에는 음악을 통한 이완 및 통증 완화 그리고 레거시 메이킹[2](〈하트비트 송〉 제작) 활동이 제공되었다.

내담자 정보:

Y의 부모님은 첫 아이 Y를 출산하고 얼마 되지 않아 캐나다로 이주했다. 부모님은 토론토에서 직장을 구하고 정착하여 안정적으로 삶을 꾸려 가기 시작하고 있었다. Y가 B-세포형 급성 림프구성 백혈병(B-cell ALL)을 진단받은 것은 돌을 막 지났을 때였고, 이후 약 2년에 걸친 투병 기간을 보내게 되었다.

Y의 마지막 입원은 완화의료를 세팅하는 것에 초점을 두었고, 이때 음악치료가 개입되어 〈하트비트 송〉을 제작하였다. 이후 Y는 상황이 호전되어 오랜 시간 집에서 가족과 함께 지낼 수 있었다. 안타깝게도 정기검진이 있던 어느 날 갑작스런 코드블루(CODE BLUE)[3] 상황이 발생하여 병실에서 마지막 숨을 내쉬었다.

---

1) B-cell ALL은 B-세포에서 비롯된 급성 림프구성 백혈병으로, 주로 어린이에서 발생하며 골수에서 비정상적인 B-세포의 증식으로 발생한다. 조기 발견과 적절한 치료가 필요하며, 항암제 및 방사선 치료 등이 사용될 수 있다.
2) 레거시 메이킹은 현재의 행동과 선택이 미래에 긍정적이고 의미 있는 영향을 끼치도록 기여하여, 자신 또는 조직이 남길 가치 있는 유산을 형성하는 과정이다.
3) 코드 블루는 응급 상황에서 신속하고 즉각적인 의료 대응을 요구하는 상황을 나타내며, 특히 환자의 심장이 멈추거나 호흡이 중단된 경우에 사용되는 응급 신호이다.

1) 진행과정

음악치료사는 Y의 첫 입원 때부터 만나 총 13회에 걸쳐 세션을 진행하였다. 약 1년 9개월에 걸친 항암치료 기간에는 Y가 영아기임을 고려하여 전반적인 발달을 위한 음악 자극, 가족 간의 유대, 병원 생활 적응 지원 등을 주요 목적으로 진행하였다. 이후 의료적인 치료의 목적이 완화의료로 변경되면서 Y를 위한 음악치료의 목적은 통증 완화와 레거시 메이킹으로 바꾸어 진행하였다.

Y가 암이 재발하여 병원에 입원할 때마다 부모님은 지친 와중에도 희망의 끈을 놓지 않았다. 하지만 마지막으로 Y가 입원하였을 때 아버지는 "하늘이 Y를 우리가 생각하는 것과 다른 방향으로 데리고 가는 것 같다."고 이야기하며 완화의료로의 방향 전환을 받아들였다. 어두운 병실에서 치료사는 Y의 부모님께 지금까지의 쉽지 않은 여정에 음악치료사를 포함시켜 준 것에 대한 감사함을 전했고, Y의 심장박동 소리로 음악을 만드는 〈하트비트 송(Heartbeat song)〉을 제작하는 것에 대한 생각을 조심스럽게 물어보았다. 부모님의 동의를 얻은 후, 다음 세션을 예약했다.

본격적인 〈하트비트 송〉 작업을 위해 먼저 담당 간호사의 도움으로 도플러(doppler)[4] 장비를 이용하여 Y의 심장박동 소리를 녹음했고, 부모님과 Y에 대한 많은 이야기를 나누며 가사로 쓸 수 있는 내용을 수집했다. 멜로디와 음악적인 부분은 Y의 침상에서 항상 반복적으로 틀어져 있던 음악을 사용하기로 했다. Y의 부모님은 노래에

---

4) 도플러(doppler)는 파장의 주파수 변화를 이용하여, 물체의 운동이나 속도를 감지하고 측정하는 기술 또는 장치이다.

Y의 목소리를 넣고 싶어 하였고 치료사는 부모님께서 보내 주신 영상 파일에서 음원을 추출하여 노래의 알맞은 부분에 배치하였다. 본 치료사는 레코딩 장비와 컴퓨터 음악 프로그램을 사용하여 데모 음악 파일을 만들었고, 부모님의 피드백을 거쳐 최종본을 전달하였다.

2) 주요 방법

〈하트비트 송〉은 환자의 심장박동 소리를 음악의 리듬으로 하여 환자와 가족 등에게 의미 있는 노래를 만드는 음악 중재 방법 중 하나로 사별 이후에도 환자와 가족의 끊어지지 않는 유대를 상징하며, 환자의 사망 이후에도 가족의 심리적 자원으로 사용될 수 있는 유형의 유산이 될 수 있다.

〈하트비트 송〉 세션은 크게 세 단계로 구성된다. 첫 번째 단계는 환자의 심장박동 소리를 녹음하는 단계이다. 이 단계에서는 도플러 장비를 사용하여 소리를 녹음기로 녹음하고 오디오 편집 프로그램을 활용하여 가장 깨끗한 음질의 부분을 잘라 내어 반복(loop)시켜 규칙적인 박이 되도록 만든다. 두 번째 단계는 송라이팅 단계로 부모님 혹은 환자의 형제자매와 함께 진행한다. 치료사의 역량과 가족들의 참여도에 따라 알맞게 음악의 구조화 정도를 정할 수 있다. 가사의 경우 환자와 가족 간의 추억, 환자가 선호했던 것, 성격, 전하고 싶은 메시지 등을 중심으로 하여 작성하고, 음악적 요소는 가족 내에서 의미 있는 곡을 차용하여 치료사가 정하거나 때에 따라 가족과 함께 작곡을 할 수도 있다. 세 번째 단계는 녹음을 하는 단계로, 스마트폰 혹은 태블릿 pc의 앱을 통해 편집된 심장박동 소리를 불러와 그 위에 녹음을 하는 방법이 있고, 전문 작곡 프로그램인 디지털 오디오 워크스테이션

(Digital Audio Workstation: DAW)을 이용하는 방법이 있다. 후자의 경우 더욱 섬세한 편집이 가능하며, 이 사례의 경우 디지털 오디오 워크스테이션을 사용하여 진행하였다. 녹음이 완료되면 환자 가족과 함께 듣거나 이메일로 전달하여 피드백을 수렴한 뒤 최종본을 전달한다.

3) 내용

치료사가 속한 병원에서는 완화의료팀에 음악치료가 포함되어 있다. Y가 입원했을 때 완화의료팀 주간회의에서 Y의 상태에 대한 논의가 이루어졌고, 완화의료의 일환으로 음악치료의 도움이 필요함이 확인되었다. 그날 늦은 오후, 음악치료사는 불 꺼진 병실에서 부모님을 만났고 〈하트비트 송〉 제작을 제안했다. 부모님은 Y의 생명이 꺼져 감을 받아들이면서 남은 시간 동안 최대한 의미 있는 시간을 보내고 싶어 하였고, 치료사의 제안을 받아들였다.

가사 토의를 위한 세션이 있던 날, 세션을 시작하기 전 도플러를 사용하여 Y의 심장박동을 녹음했다. Y의 심장박동 소리가 스피커를 통하여 방 안에 울리자, Y의 부모님은 눈에 띄게 감정적으로 동요하고 있었다. 심장소리를 녹음하는 것을 세션 전에 배치한 것은 의도된 것이 아니었으나, 이어지는 가사 토의 과정에서 부모님은 높은 참여도를 보였다. 약 1시간가량 토의에서 치료사는 반구조화된 질문지를 토대로 가사가 될 재료를 수집했다. 부모님은 Y가 좋아했던 것, 성격, 특기 등을 치료사와 이야기하며 그의 삶과 성취를 돌이켜 보았고 Y와 함께했던 첫 여행과 자주 갔던 놀이터 등 추억을 이야기하기도 하였다. 종종 부모님은 눈물 섞인 미소를 보이며 서로를 바라보기도 했고, 특히 Y에게 전하고픈 메시지를 말로 꺼내는 순간 터

져 나오는 감정에 긴 침묵의 시간을 가지기도 했다.

멜로디와 음악적인 부분은 Y의 침상에 항상 틀어져 있던 동일한 곡의 코드 진행과 멜로디를 기반으로 하여 제작하기로 결정하였고, Y의 목소리를 함께 노래에 담으면 어떻겠냐는 치료사의 제안에 부모님은 Y의 영상을 보내 왔다. 주말이었던 다음날 부모님은 치료사의 메일로 여러 영상 클립을 보내왔는데, 최초 메일을 받은 시각이 오후 2시 부근이었고, 마지막 메일을 받은 시각이 오후 9시였던 점을 참고할 때 이날 부모님이 어떻게 오후시간을 보냈는지 짐작할 수 있었다. 〈하트비트 송〉 초안 제작이 완료되었고 Y의 부모님의 피드백을 수렴한 후 최종본을 메일로 전달하였다. 이와 더불어 Y의 심장 박동 소리만 담겨진 2분가량의 오디오 파일도 Y의 아버지의 요청에 따라 첨부되었다.

4) 맺음말

Y의 〈하트비트 송〉이 완료되고 얼마 되지 않아 Y는 퇴원을 하였다. Y의 부모님은 치료사에게 메일로 감사하다는 메시지를 전해 왔고 이후 Y는 약 5개월간 집에서 가족과 함께 시간을 보낼 수 있었다.

외래환자로 혈소판 수혈을 위해 병원에 왔다가 예상치 못한 죽음을 맞이했던 Y의 부모님에게 〈하트비트 송〉의 의미가 지금은 어떠할지 알 수 없다. 하지만 이 곡을 만드는 과정을 통해 부모님은 Y의 삶과 그와의 추억을 돌아보고 Y에게 마음을 표현할 수 있었다. 치료사는 부모님이 이 경험을 토대로 Y가 집에서 5개월의 시간을 보내는 동안 더 의미 있는 시간을 보내고 더 깊은 유대를 경험했을 것이라 믿는다. 혹 그들에게 아직은 〈하트비트 송〉을 다시 들을 수 있는 마음의 여유가 없을지라도 미래의 어느 순간 필요할 때 사용될 노래가 그들에게 있다는 것을 알고 그들이 이를 통해 위로를 얻을 것이라는 점을 믿기에, 본 치료사는 Y와 그의 가족에게 감사한 마음을 전하며 치료적 관계를 끝맺을 수 있었다.

2. 아동을 위한 음악심리치료

치료사 소개: **박서희 음악치료사**(프리랜서 음악치료사)

➡ 아동 및 청소년을 주 내담자로 만나고 있는 음악치료사 박서희는 내담자들이 음악 안에서 최대한의 자유로움을 경험하기를 바란다. 음악 안에서 함께하는 순간에는 외부의 문제를 잊고 자유롭게 존재할 수 있다는 신념으로 음악치료 중재를 이어가고 있다. 숙명여자대학교에서 음악치료를 전공하였으며 임상음악치료사, 유치원 정교사, 어린이집 정교사 자격을 가지고 있다. 현재 경기도 안산시, 화성시, 하남시 소재의 아동발달센터에서 아동 및 청소년을 위한 음악치료를 제공하며 음악으로 행복을 나누고 있다.

제목: 보고 싶은 나의 엄마

개요:

이 사례는 부모가 이혼 후, 외조부모와 엄마에게 양육을 받고 있는 초등학교 1학년 남아 K의 음악치료 과정을 다루고 있다. 주 양육자는 외조모이며 내담자의 엄마는 근무지 문제로 인해 내담자와 별거 중이다.

주요 방법은 노래 부르기와 가사 토의이며 여러 예술 매체를 통한 자기표현 활동을 함께 진행하였다. 내담자는 음악치료를 통해 부정적인 감정 및 보살핌의 욕구를 표현할 수 있게 되었으며 긍정적인 음악 성취 경험을 통해 건강한 에너지를 함양할 수 있었다.

내담자 정보:

K는 어린 시절 가정불화로 부모가 이혼을 한 후 외조부모에게 양육을 받는 중에 우울감을 호소하여 음악치료에 참여하게 된 남아이다. 조부모의 보고에 의하면 전반적으로 낮은 에너지 수준을 보이며 매사에 의욕이 없고 학교 내에서 친구들과의 관계에도 어려움이 많았다고 한다. K는 할아버지에게 강압적인 훈육을 받는다고 이야기하며 부정적인 감정을 표현하지만, 본인의 가족에 대해 소개할 때 할아버지, 할머니, 엄마, 동생을 모두 포함시키며 본인이 매우 사랑하는 대상이라고 한다. K의 할머니는 할아버지의 훈육 방식을 타당하다고 하며 K가 심성이 여리기 때문에 과민 반응하는 것이라고 한다. K는 어머니와 일주일에 한 번 정도 만남을 가지며 주로 외식을 하거나 게임을 하며 여가시간을 함께 보낸다고 한다. 높은 우울감 및 낮은 의욕 수준의 문제를 가지고 있으나, 음악에 대해 매우 호의적인 반응을 보여 음악치료에 의뢰되었고 총 25회기를 진행하였다.

1) 진행과정

K와의 음악치료는 25회기 모두 개인치료로 이루어졌으며 외조모가 센터 내방을 도와 결석이 거의 없이 진행되었다. 주 1회로 진행되었으며 매 회기 초반마다 인사 및 질문 노래를 통해 일상적인 대화를 나누는 것으로 회기를 시작하였다. 노래 부르기와 가사 토의를 이어서 진행하였으며 주제 혹은 노래에 대한 선곡은 주로 치료사

가 진행하였으나, 내담자가 자발적으로 제안하는 경우에는 각 회기에 반영하면서 유연하게 선정하였다. 매 회기 후반에는 음악치료 과정에 대해 평가하고 감정을 표현할 수 있도록 감정 카드를 활용하였다. 매번 비슷한 순서로 회기를 구성하여 내담자가 안정감을 느낄 수 있도록 유도하였고, 구조적인 활동보다는 비구조화된 활동들로 구성하여 내담자가 보다 편안하게 자신의 욕구를 표현하고 감정을 해소할 수 있도록 도왔다.

2) 주요 방법

K와의 음악치료에서 주로 사용했던 기법은 노래 부르기, 가사 토의, 송라이팅(songwriting) 등이다. 사전 관찰 결과 에너지 수준이 높고 흥이 많은 내담자를 위해 치료사는 전반적으로 빠른 템포와 신나는 분위기의 곡을 주로 사용하였다. 노래 부르기는 내담자의 스트레스 완화를 돕고 치료사와의 상호작용을 경험하는 것에 효과적인 기법이며 송라이팅을 통해 내담자는 자신의 욕구를 직면하고, 감정을 표현하는 경험을 할 수 있게 된다.

3) 내용

(1) 초기

음악치료 첫 회기에 온 K는 미소를 보이며 예의 바르게 인사를 하는 등 치료사에게 매우 호의적인 태도를 보였다. 자신은 음악을 좋아한다고 소개하였으며 치료사가 안내하는 인사 노래(Hello Song)를 경청한 후 따라 부르려고 노력하는 모습을 관찰할 수 있었다. K는 치료사가 들려주는 음악에 맞춰 몸을 양옆으로 흔들고, 신나는 노래에 맞춰 춤을 추기도 하였다. K는 노래의 멜로디나 리듬에 맞게 부르는 것에는 다소 어려움이 있었지만, 치료과정에서 문제가 될 정도는 아니었다. K는 치료사가 조절하는 템포에 맞춰 노래를 따라 부르려고 노력하였다. 이처럼 치료사와의 라포를 형성하는 것에 큰 어려움이 없던 K였지만 회기를 거듭할수록, 매 회기 초반에 일상적인 질문을 나눌 때 "잘 못 지냈어요." "기분이 안 좋아요." "할아버지가 화냈어요." 등 부정적인 표현을 하기 시작하였다.

K의 음악치료 과정에서 특별했던 점은 악기를 활용한 놀이를 반복했던 것인데, 자신이 좋아하는 악기를 '아기'라고 명명하고 담요를 덮어 주거나 안아 주는 등의 행동을 자주 보였다. K의 악기 놀이에서는 아기뿐만 아니라 엄마를 비롯한 다른 가족 구성원도 등장하였고 대부분 엄마가 아기를 보살피는 놀이 혹은 가족들과 여행을 가는 놀이로 진행되었다. 이처럼 K의 악기 놀이에서는 보살핌 및 안정감의 욕구를 관찰할 수 있었다.

(2) 중기

K는 주말에 엄마와 시간을 보냈는지에 따라 감정의 영향을 많이 받는 것으로 보이며 매주 컨디션의 기복이 심했다. K는 엄마가 방문했던 주에는 밝은 모습으로 치료실에 들어와 적극적인 태도로 음악 활동에 참여하였지만, 그렇지 않은 주에는 "피곤해요." "집에 가고 싶어요." "엄마가 안 와서 기분이 안 좋아요." 등의 표현을 하며 무기력한 모습을 보였다.

음악치료 과정이 어느덧 중반에 다다르고, 5월을 맞이하게 되었다. K와 어버이날을 맞이하여 엄마에게 불러 줄 노래 선물을 준비하게 되었다. 치료사가 소개한 노래 〈나의 처음 사랑〉을 감상하는 K는 소리 없이 눈물을 흘렸고, 치료사에게 보이지 않으려는 듯 스스로 눈물을 훔치기도 했다. 노래 부르기를 시작한 이후에도 K는 중간중간 노래를 멈추고 눈물을 흘리는 등 감정을 조절하는 것에 어려움을 보였다. 해당 회기를 마무리하며 K와 이야기를 나눌 때, K는 엄마 생각이 나서 눈물을 보였다고 말했고 본인은 엄마를 사랑하는데, 엄마는 나를 사랑하지 않는 것 같다고 이야기하며 속상한 표정을 지었다.

이후에 진행된 몇 회기 동안에도 K는 '엄마'를 연상시키는 노래가 나오면 지속적으로 눈물을 보였다. 치료사는 K에게 엄마와 일주일에 한 번만 만나야 하는 상황에 대해 설명해 주며 이를 이해하도록 도와주었고, 엄마 이외에도 '나를 사랑하는 사람들'에 대해 상기할 수 있도록 가사 토의와 송라이팅을 진행하였다. K는 함께 거주하고 있는 가족 이름을 나열하며 자신이 사랑하는 사람들이라고 표현했다.

K의 높은 에너지 수준과 적극적인 성향을 고려하여 치료사는 매 회기 활동에 악기 연주를 포함시켰는데, 대부분 해당 회기의 노래에 맞춰 자유롭게 원하는 악기를 연주하는 방법으로 진행하였다. K는 기본박에 맞게 연주하는 것에 어려움이 있었고, 악기와 노래의 소리 크기를 고려하지 않으며 연주를 했지만, 몸을 좌우로 흔들며 악기 연주에 심취해 있는 K의 모습에서는 충분한 즐거움과 몰입이 이루어지고 있음을 느낄 수 있었다.

(3) 말기

치료과정이 말기에 이르자, 이전의 분위기와 달라진 K의 모습들을 관찰할 수 있었다. 이전에는 기운이 없어 보이거나 일주일 동안 잘 지내지 못했다고 응답할 때가 많았는데, 후기에는 치료사에게 웃으며 인사를 건네고 생기 있는 모습으로 참여하는 경우가 많아졌다. 치료사에게 자신이 하고 싶은 음악 놀이를 제안하기도 하고, 일주일 동안 생각했던 노래를 같이 부르자고 표현하기도 했다. 치료과정 전반에 걸쳐 K는 리듬과 멜로디를 점차 원 노래와 비슷하게 부를 수 있게 되었고, 치료사의 칭찬에 큰 웃음을 보이며 뿌듯한 감정을 드러내기도 하였다.

초기와 비교하였을 때 K의 가장 큰 변화는 '엄마'에 대한 이야기를 이전보다 편안한 태도로 나눌 수 있게 되었다는 점이다. 엄마라는 단어만 들어도 눈물을 보이던 K는 치료 상황에서 눈물을 보이는 일이 없어졌다. 주말에 엄마와 시간을 보내지 못하고 오더라도, "이번 주말에는 만나기로 했어요." "맛있는 것 먹기로 약속했어요." 등 다음 약속을 기다리며 본인을 위로하는 듯한 말들을 했다. 기분이 좋지 않은 날에는 치료실에 와서 크게 소리를 지르는 노래를 부르고 싶다고 하거나 커다란 북을 치고 싶다고 표현하는 등 자신의 감정을 해소하는 방법을 스스로 찾아가기 시작했다.

치료 종결 4회기 전부터, 종결 상황에 대해 K에게 안내해 주었으나 K는 매번 처음 듣는 것처럼 치료사에게 종결에 대해 되물었다. 종결 과정 몇 회기 동안에는 K가 가장 좋아하는 노래인 〈내가 바라는 세상〉의 랩 부분에 새로운 가사를 쓰는 작업을 수행했다. 전반적인 내용에는 엄마와 하고 싶은 것들, 가고 싶은 곳 등이 포함되었고 가족들의 이름을 나열하며 '사랑해'라고 표현하는 부분으로 마무리하였다. K는 해당 노래를 부르는 모습을 동영상으로 촬영해서 엄마에게 보내 달라고 요청하기도 하였다. 마지막 치료 회기에서 K는 그동안 음악치료가 너무 재밌었고 감사하다는 말을 전하며 수줍은 표정을 보였다.

4) 맺음말

겉보기엔 늘 밝은 모습으로 지내던 K는 음악치료 과정을 통해 자신의 욕구를 들여다보고, 감정을 표현하며 스트레스는 완화시키는 방법을 탐색할 수 있게 되었다. 어린 시절 가정의 불화와 어머니와의 분리를 경험했던 K의 내면에는 애정에 대한 욕구와 불안감이 항상 자리 잡고 있었고 이를 부정적인 언어 표현으로 드러내는 경우가 종종 있었다. 욕구를 직면하는 과정을 통해서 K는 감정을 명확히 인식하고 표현할 수 있게 되었으며 자신의 부정적인 감정을 해소하는 방법을 찾아가기 시작했다. 이러한 여정에서 K의 상황을 편안하게 이야기할 수 있도록 돕는 가사의 노래들은 큰 도움이 되었다. 가사에서 공감되는 부분을 찾거나, 비유를 통해 이야기하는 것은 K가 자기의 내면에 대해 들여다보고 인식할 수 있도록 도왔다. 이제는 본인이 부정적인 감정을 느끼는 상황에 대해 명확히 표현할 수 있게 되었으며 '엄마'에 대한 그리운 감정을 못 만나는 슬픔 대신, 다음 만남을 위한 기대감으로 바꾸어 표현하게 되었다.

5) 기타 자료

노래 리스트 ♬

- 아기싱어, 〈나의 처음 사랑〉(2022)
- 뽀로로, 〈아가야 자장자장〉(2022)
- 남진이, 〈기분이 좋아요〉(2018)

- 핑크퐁, 〈소중해 사랑해〉(2022)
- 위키드 블루팀, 〈내가 바라는 세상〉(2016)

3. 청소년을 위한 음악심리치료

치료사 소개: **양은아 교수**(숙명여자대학교)

➡ 음악치료사 양은아는 숙명여자대학교에서 음악치료 석박사학위를 취득하였으며 노도프 로빈스(NR) 음악치료사, 심상유도 음악치료사(GIM) 자격증을 가지고 있다. 유아특수학교에서 음악치료사로서 근무하였으며 현재는 숙명여자대학교 음악치료학과 초빙교수로 재직 중이다.

제목: 다시 시작해!

개요:

이 사례는 학교 부적응 청소년을 대상으로 한 음악심리치료 사례이다. 의뢰 당시 내담자는 학교에서 또래들에게 따돌림을 당하여 사회적으로 고립된 상태였으며, 음악심리치료 과정을 통해 자신의 감정을 표출하고 스스로 그 해결 방법을 찾아 나가는 모습을 보이게 되었다. 주요 방법으로는 노래 가사 토의, 악기 연주, 음악 감상 등이 적용되었다.

내담자 정보:

K는 중학교 3학년 남학생으로 학업 부진과 교우관계 문제 등으로 인해 학교생활 적응에 어려움이 있어 어머니에 의해 교육청을 통해 음악

치료에 의뢰되었다. 어머니에 의하면 평소에 감정 기복이 심하고 감정 조절에도 어려움이 있으며, 내성적인 성격으로 자신감이 부족하며 외모에 대한 콤플렉스도 있다고 한다. 초기 상담 시 K는 거의 말을 하지 않고 고개를 숙인 채 치료사의 질문에 단답형으로만 대답하는 모습이었다. 사전 심리검사에서도 긍정 정서가 매우 낮고 부정 정서가 더 높은 상태였으며, 자아탄력성 및 주관적 안녕감에서도 낮은 수준을 보였는데, 특히 삶의 만족도에서 10점 만점에 2점을 보일 정도로 낮은 수준을 보여 적극적인 개입이 필요한 상태였다.

1) 진행과정

이 사례는 주 2회 총 10회기로 진행되었다. 각 회기는 내담자의 근황에 대한 이야기로 시작하여 계획된 음악 활동에 참여하고 느낀 점 등을 이야기하는 것으로 마무리되었다.

2) 주요 방법

이 사례에서는 노래 가사 토의, 악기 연주, 감상 등의 음악치료 방법이 사용되었다. 노래 가사 토의는 노래 가사를 분석해 봄으로써 내담자가 자신의 문제를 보다 객관화할 수 있도록 하며 내담자 스스로 그 해결 방법을 찾을 수 있도록 돕는 음악치료 방법 중의 하나이다. K는 자신의 선호곡을 치료사와 공유하면서 음악적 심미감과 정서적 이완을 경험할 수 있었으며, 가사를 통해 지지와 수용의 경험을 하게 되어 결과적으로 자연스럽게 치료적 효과를 가져올 수 있었다. 특히 청소년들에게 음악은 일상에서 매우 보편적으로 사용되는 매체이므로 이를 잘 활용하면 치료적 효과를 이끌 수 있다. 이 외에도 선호곡에 대한 악기 연주는 K가 자신의 감정을 긍정적으로 표출할 수 있는 기회를 제공할 수 있었으며, 음악 감상은 신체 이완을 제공하고 치료적 이슈와 관련된 심상을 이끌어 내어 치료에 활용할 수 있도록 도왔다.

3) 내용

(1) 첫 만남

K와의 치료과정은 쉽지 않았다. 본인의 의지보다는 부모님의 권유에 의해 마지못해 치료에 참여한 경우였기 때문에, 어머니 부재 시 잠을 자느라 상담에 참여하지 못하거나 치료 시간이 거의 끝날 때에 도착하는 등 치료를 진행하는 데에 많은 어려움이 있었다. 이에 치료사는 어머니에게 전화와 문자를 통해 K가 치료가 필요하니 꼭 참여하도록 해 달라고 요청을 하고, K에게도 상담 전날 문자를 보내어 잊지 않고 참여하도록 권유했다. 그런 치료사의 마음이 전달되었는지 K가 상담에 오기 시작했는데 두 번째 상담을 거의 한 달 만에 진행하게 되었다.

(2) 공감이 필요해

초기 상담은 주로 음악 감상으로 진행되었는데, 먼저 K가 선호하는 곡을 함께 찾아서 들어 보고 이야기 나누는 '노래 가사 토의' 활동이었다. K가 선호하는 곡들을 함께 감상하고 노래 부르는 시간들은 K와 치료사 간의 신뢰를 형성하는 데에 매우 큰 도움이 되었다. 이후 치료사가 선곡한 곡으로 이야기 나누기를 시작했다. 이날 치료사가 선곡한 곡은 윤도현의 〈흰수염고래〉였다. 이 곡은 흰수염고래가 넓은 바다로 나아가는 힘든 여정을 표현한 가사인데, K는 이때 처음으로 자신의 문제를 이야기하기 시작했다. 매우 힘든 듯 느리고 작은 목소리로 고개를 떨군 채 이야기하기 시작했다. 친구와의 갈등으로 어려움이 있는데, 친한 친구에게 이유도 모른 채 절교를 당했고, 화해를 위한 자신의 행동이 오히려 갈등을 고조시켜 그 친구가 자신을 스토커라고 소문을 내는 등 학교생활이 힘들다고 호소하기 시작했다. 많은 말을 하지는 않았지만 K의 아픔이 그대로 전달되는 이야기였다. 치료사는 K가 이야기를 충분히 할 수 있도록 기다려 주었다. 이야기를 충분히 나눈 뒤 노래 가사에서처럼 이런 어려움을 겪는 이들에게 어떤 말이 필요할지 묻자 "그저 잘 들어 주고 공감해 주면 좋을 것 같다."고 조용히 말했다. K는 이 회기에서 처음으로 마음을 열고 자신의 감정을 표현하기 시작했으며, 화가 많이 나지만 그 친구를 때려야 할지, 아니면 어떻게 해야 할지 모르겠다고 말하기도 했다. 이날 치료가 종료될 시점에는 "결론적으로 폭력을 쓴다 해도 내가 원하는 결과가 나오지는 않을 것 같다."고 말하며 생각에 잠기기도 했다. K는 〈흰수염고래〉 가사의 일부를 바꾸는 활동을 하였는데 이날 K는 새로운 가사를 제시하지는 않았지만 원 가사인 '혼자가 아니야'라는 부분에 대해 깊이 생각하게 되었고, 특히 현재 자신의 문제와 관련지어 생각할 수 있는 시간이 되었다.

(3) 북과 심벌 연주는 시원해!

연속되는 회기에서 K는 북과 심벌 연주를 했다. 목적은 K에게 내재되어 있는 감정을 표현하도록 돕는 것이었다. K는 치료사가 제공하는 배경음악에 맞춰 북과 심벌을 연주하기 시작했다. 처음에는 소심하게 시작했으나 나중에는 갑자기 벌떡 일어서더니 북과 심벌을 세게 내리치기 시작했다. 마치 감정을 분출하는 듯한 모습이었다. 이에 치료사도 K의 감정 상태에 동조하여 세게 연주해 주었다. 연주후 어땠는지를 물어 보니 "시원했다."고 답했고, 혹시 누구를 생각하며 연주했냐는 질문에 문제의 그 친구를 생각하며 연주했다고 답했다. K에게 이 연주 활동은 감정을 분출할 수 있는 출구였으며 용납되는 수준에서 할 수 있는 자기표현이었다. 이때 제공된 음악은 청소년들의 흥미를 끌 수 있는 블루스 타입의 곡이었다. 노도프 로빈스 음악치료사인 존 부디난의 〈Bye bye blues〉 주요 선율을 가져다가 새롭게 편곡하여 즉흥적으로 북과 심벌을 치도록 했다. 이 곡은 시작 부분에서는 블루스 특유의 분위기를 즐길 수 있게 해 주다가 중반 이후로는 음정이 점차 상행 진행하며 템포가 빨라져 점점 감정을 고조시키는 효과가 있는 곡이다. K는 이 곡의 블루스 특유의 세련된 분위기를 마음에 들어 했고, 점점 고조되는 부분에서 심벌을 내리치며 감정을 투사하고 분출했다. 이 곡의 후렴 부분은 치료사의 연주 없이 내담자가 혼자 심벌을 세게 치며 악구를 완성시키는 구조로써 내담자 스스로가 마치 주인공처럼 음악에서 매우 중요한 역할을 하는 듯한 느낌을 주도록 하고, 그러한 경험을 통해 성공감을 느끼도록 하는 음악치료적 전략이다. 그리고 이어지는 트릴 부분에서는 매우 빠른 속도로 크게 연주하도록 유도하여 음악의 절정 경험을 하도록 하는데, 이러한 경험은 내담자가 감정을 분출하도록 돕는다. 이와 같은 음악 경험은 K와 치료사가 치료적 동맹 관계가 되도록 도왔고, K는 이러한 경험을 매우 만족해 했다.

(4) 숲속 행복한 상상

이후 K와의 음악치료는 급진전되고 있었다. 다만 중학생이다보니 스케줄을 잡기가 쉽지가 않아 한번은 실시간 온라인(zoom)으로 만나게 되었다. 최근 중학생에게는 zoom이 매우 익숙한 환경이기 때문에 이러한 방식에 대해 우리는 쉽게 합의를 했다. 이때부터는 K가 음악치료 스케줄을 스스로 계획하고 조절하기 시작했으며 마지막 치료까지 어머니 개입 없이 혼자 치료실을 방문했다. 첫날 아버지에게 이끌려 오던 모습과는 사뭇 대조되는 모습이라 치료사를 흐뭇하게 만들었다.

실시간 온라인 치료에서는 '음악과 심상'이라는 음악치료 프로그램을 경험했는데, 이것은 신체가 이완된 상태에서 적극적으로 음악을 감상하면서 자신의 이슈와 관련된 심상을 떠올리도록 하는 감상을 활용한 음악치료 기법 중의 하나이다. K는 치료사의 안내에 따라 깊은 호흡을 하고 눈을 감고 음악을 감상하기 시작했다. 치료사는 좀 더 K의 이슈에 직면하여 해결할 수 있도록 이끌고 싶었지만 남은 회기가 충분하지 않기 때문에 이보다는 기분 좋은 상상을 하도록 이끌었다. K는 자신을 행복하게 해 주는 이미지로 '숲속' '햇빛' '이슬' '동물'들을 떠올렸고, 이러한 이미지는 이후 9회차 음악상담에서 가사로 활용되었다.

(5) 나는 음악가

음악치료 마지막 날에 K는 치료사에게 문자를 하여 좀 더 일찍 가도 되는지를 물었고, 원래 치료 시간보다 무려 세 시간을 일찍 도착해 현관에서 치료사를 기다렸다. 이날 K는 가방에서 칼림바를 꺼내어 치료사에게 보여 주며 오늘 학교에서 만든 거라 말했다. 그리고는 애니메이션 주제곡 중의 하나인 〈언제나 몇 번이라도〉를 연주하기 시작했다. 기초 수준의 연주였고 멜로디 위주의 연주였지만 치료사가 이에 맞춰 함께 반주해 주자, 풍성해진 음악에 K는 매우 만족했다. 이와 같은 내담자의 단순한 연주에 치료사가 즉흥적으로 화성을 넣어 풍성하게 음악을 만들어 주는 것을 '반영적인 연주'라고 한다. 내담자의 연주에 대한 이러한 치료사의 반영적인 연주는 내담자에게 단순한 음악적 하모니 이상의 의미가 될 수 있다. 그것은 지지적이고 관계적이며 심미적 경험을 유도한다. 다만 K의 칼림바 건반 수가 적다 보니 필요한 음이 없어 자꾸 불협화음이 났다. 그래서 우리는 key를 바꾸어 연주하기로 했다. C장조로 이조하여 연주하자 연주는 완벽했다. K는 멜로디를 연주했고 치료사는 화성 반주를 넣어 서로 템포를 맞추어 가며 연주했다. 치료사는 K의 연주를 담아 주려고 노력했고 K가 음악을 통해 지지받는 경험을 하기를 기대했다. 치료사의 바람대로 K는 만족했고, 우리는 반복해서 연주했고, 또 기타 반주로 바꾸어 다시 연주했다. 음악치료 임상에서 내담자의 음악적인 지식이 부족하거나 악기에 한계가 있을 경우 이렇게 음악치료사가 즉흥적으로 편곡을 하거나 이조를 하여 내담자가 성공적인 경험을 할 수 있도록 하는데, 이러한 경험은 치료사에 대한 신뢰를 이끌어 낼 수 있다. 그렇기 때문에 음악치료 임상은 겉으로 보아서는 유사해 보일지 몰라도 기존의 음악교육이나 악기 지도를 하는 것과는 다른 경험인 것이다.

(6) 일시정지! 다시 시작해!

K는 이어서 피아노에 앉아 또 연주하기 시작했다. 그렇게 우리는 무려 세 시간 동안 음악을 연주하고 이야기 나누기를 반복했다. K의 이런 적극적인 모습은 처음이어서 치료사도 흥분했고, 우리는 시간 가는 줄 몰랐던 것 같다. 다행히 다음 치료가 세 시간 뒤로 계획되어

있어 우리는 마지막 날에 마음껏 음악을 하고 대화를 나누었다. 우리의 마지막 음악 작업은 '나만의 음악 만들기'였다. 지난번 음악과 심상을 통해 떠오른 이미지들을 가사의 일부로 사용했다. 그리고 나머지 가사 부분은 K에게 '지금 너에게 필요한 말'을 적도록 했다. 잠시 픽 웃으며 생각하더니 쑥스러운 듯 '견뎌 보자! 떠나 보자! 일시정지! 확 그냥 버려버려!'로 가사를 완성했다. 이 가사는 K가 자기 자신에게 하는 다짐이자, 자신을 아프게 한 친구에게 하는 말이기도 했다. 그리고 우리는 이 가사를 K가 좋아했던 블루스 곡에 붙여 음악을 완성했다. 제목도 정했다. 결과는 대만족이었다. 우리는 노래를 부른 후 다시 드럼과 심벌을 함께 연주하며 또 이 노래를 불렀다. 이렇게 K와의 음악치료가 종료되었다.

K는 자신의 경험과 관련된 노래 가사를 만들었고, 해결 방법 또한 가사로 제시했다. 이것은 자신의 문제에 대한 인식의 과정이자 통찰의 과정이라고 할 수 있다. 청소년들은 자신을 힘들게 하는 문제들을 객관적으로 정의 내리기 어렵고, 그 해결 방법을 스스로 찾기는 더 어렵다. 이와 같은 혼란한 시기에 놓여 있는 청소년들에게 음악을 통해 자신의 문제를 객관적으로 정리해 보고 해결할 수 있는 통찰의 과정은 중요하며, 이것이 음악과 함께함으로써 더 쉽고 빨리 가능하게 할 수 있다.

마지막 시간이라는 것에 대해 치료사도 K도 매우 아쉬움을 느꼈다. 이제 K는 피아노도 다시 치고 싶고, 기타와 드럼을 배우고 싶다고 했다. 그리고 치료는 종료되었지만 종종 치료실에 와도 되는지를 물었다. 그리고 꼭 계속 음악치료를 받고 싶다면서 첫날 이후 허락하지 않았던 영상 녹화까지 허용했다. 이 영상을 꼭 교육청 담당자에게 전달해서 계속 치료를 받게 해 달라고 전해 달라고 했다.

4) 맺음말

K는 치료가 시작될 때 가장 걱정이 되었던 아이였고, 치료를 진행하는 것 자체가 너무나 어려웠기 때문에 과연 끝까지 참여할 수 있을지 염려가 되었던 아이였다. 같은 시기에 치료를 받는 다른 아이들이 의미 있는 결과물들을 차곡차곡 쌓아갈 때, K의 경우 치료사를 가장 애타게 했고 살얼음판을 걷듯이 조마조마하게 진행되었던 사례였다. 그런데 마지막은 어떤 아이보다도 의미 있는 시간으로 마무리가 된 것 같다. 다만 너무 짧은 회기는 많은 미련을 남겼다. K는 사실 이제 시작이다. 이제 마음을 열기 시작했고, 이제부터 많은 작업이 들어 가야 하는 아이이기 때문에 치료가 끝난 지금도 계속 마음이 쓰이는 게 사실이다. 어머니도 종결 이후 연락이 오셨다. K가 음악치료 이후 많이 밝아졌다며, 치료사가 권유한 대로 집에 다시 피아노도 사 줄 것이라고 하셨다. 또 K가 드럼을 배울 수 있게 선생님을 의뢰해 달라고 하셨다. 물론 치료 종결 시 치료사가 권유를 한 것도 있지만 어머니도 현재 K에게 무엇이 필요한지 깨닫게 되신 것 같다. 치료가 종료된 이후 치료사는 K의 마음을 따뜻하게 해 줄 드럼 선생님을 소개해 주었고 현재 드럼 레슨 중이다.

이번 사례는 비록 짧은 회기로 인해 아쉬움이 남는 과정이었지만 누구보다도 K에게 의미 있는 시간이었다고 생각한다. 사전 검사에서 상대적으로 너무 높았던 부정 정서들은 현저하게 낮아졌고 긍정 정서가 높게 변화되었으며, 10점 만점에 2점이었던 낮은 삶의 만족도는 현재 7점 수준으로 높아졌다. 그러나 이러한 객관적인 수치의 변화보다는 K가 무언가 하고 싶은 것을 찾았고, 그것에 대한 의지를 보인 점에 치료사인 나는 더 안심하고 있다. 그리고 그것이 음악이라는 것이 더 감동이고 내가 도와줄 수 있는 것이기에 기쁘게 생각한다. 앞으로 K는 음악과 함께 분명 조금은 더 행복해질 것이고 이어려운 시기를 잘 벼텨 줄 것이라 기대한다.

초등학교 고학년부터 중학생까지의 사춘기 아이들의 정서는 그들이 감당하고 책임지기에는 너무나 어렵고 복잡하다. 다행히 대부분의 아이들은 각자가 좋아하는 음악 레퍼토리를 갖고 있고, 그 각각의 음악은 이들에게 위안이 되고 말동무가 되며, 휴식이 되거나 때로는 희망이 되어 줄 수 있다. 음악치료 임상에서 사용하는 내담자 중심의 반영적인 음악은 관심이고 공감이다. 그것이 바로 기존음악과 다른 '임상 음악' 혹은 '음악치료'인 것이다. K처럼 위로가 필요하고 말동무가 필요하거나 희망이 필요한 모든 아이들에게 언제나 음악이 올바르게 사용될 수 있는 그날이 빨리 오기를 기대하며이 글을 마치려고 한다.

4. 성인을 위한 음악심리치료

이 사례는 2022년 50+ 재단의 당사자 연구 지원을 받아 수행한 연구과제이다(황은영, 양은아, 2022).

제목: 나를 만나는 음악여행

개요:
이 사례는 중년 여성들의 심리적 안녕감 향상을 위한 자기자비 기반의 음악치료 프로그램을 개발하고 적용한 것이다. 프로그램 개발은

ADDIE 모형을 적용하였는데, 즉 분석(Analysis), 설계(Disign), 개발(Development), 실행(Implementation), 평가(Evaluation)의 단계로 진행되었다. 이를 통해 총 5회기의 회기당 90분의 음악 프로그램이 개발되었고 각 회기별 목표는 자기자비와 심리적 안녕감 척도의 하위 요인을 포함하였으며 음악 감상, 즉흥연주, 음악 자서전 등 음악심리치료 기법들을 적용하였다. 총 15명의 참여자들은 음악 활동 적용 이후 내면의 긍정적인 자원을 발견하고 삶에 대한 책임감을 갖게 되며 자신의 삶을 주체적으로 변화시키려는 노력을 하는 등 자기자비와 심리적 안녕감 점수가 향상되었다.

내담자 정보:
이 활동은 그룹으로 진행되었으며 음악 활동 참여 그룹은 15명, 통제 그룹은 14명이 참여하였다. 참여자 선정 조건은 중년 여성으로 일상에서 약간의 우울감을 경험하며 이전에 음악치료 혹은 심리치료 경험이 없는 자들이다. 참여자들의 평균 연령은 53.37세이며 모두 학사 이상의 학력을 가지고 있고 이전 취업 경력이 있는 여성들이다.

1) 진행과정

이 프로그램은 총 5회기로 진행되었으며 회기당 90분 그룹 활동으로 진행하였다. 프로그램 시작 전에 심리적 안녕감과 자기자비 척도 검사를 실시하고 5회 활동이 종료된 후 다시 동일한 척도를 검사를 하여 점수 비교를 하였다. 5회기 프로그램은 먼저 프로그램의 목표를 설정하고 이를 위한 음악치료 기법을 선택하였다. 각 회기별 목표와 주제, 그리고 주 활동은 〈표 5-1〉과 같다.

〈표 5-1〉 회기별 목표, 주제, 주 활동의 내용

회기	목표	주제	주활동
1	• 자기수용성 경험하기 • 자기친절 경험하기	나를 발견하기	유도된 음악과 심상(Guided Imagery and Music: GIM)
2	• 긍정적 대인관계 경험하기 • 보편적 인간성 경험하기	20대의 나에게 하고 싶은 말	음악 자서전
3	• 자기친절 경험하기 • 보편적 인간성 경험하기	나의 아름다움을 발견하기	재창조연주 (색깔악보 콰이어차임 연주)
4	• 자율성 경험하기 • 환경에 대한 통제 경험하기	나의 긍정 자원 찾기	즉흥연주 또는 자유연주가 포함된 재창조연주
5	• 마음챙김 경험하기 • 삶의 목적 정하기	미래의 나에게 하고 싶은 말	노래 만들기(Song-writing/ Fill in the blank)

2) 주요 방법

각 회기별 내용은 다음과 같다. 1회기 활동은 '나를 발견하기'라는 주제로 GIM(Guided Imagery and Music) 활동을 진행하였다. 본 활동에서 참여자들은 자신의 현재 모습을 바라보고 스스로 어떤 사람인지, 즉 자신의 발견하는 시간을 갖도록 하였다. 2회기는 '20대의 나에게 하고 싶은 말'이라는 주제로 음악 자서전 활동을 진행하였다. 본 활동에서 참여자들은 자신의 젊은 시절을 돌아 보고 그때 자신에게 하고 싶은 말은 전함으로써 현재의 나의 소중함을 생각하는 시간을 갖도록 하였다. 3회기 활동은 '나의 아름다움을 발견하기'라는 주제로 재창조 연주 활동을 진행하였다. 참여자들은 성공적인 음악 경험을 할 수 있도록 편곡된 악보를 아름다운 음색의 악기로 연주하면서 음악이 주는 아름다움을 경험하고 이를 통해 자신감과 성취감을 갖도록 하였다. 4회기 활동은 '나의 긍정 자원 찾기'라는 주제로 즉흥 연주를 진행하였다. 본 활동에서 참여자들은 스스로 악기를 선택하고 자신만의 연주 방법으로 연주하면서 그동안 경험하지 못했던 자율성을 경험하게 되고 이를 통해 자신을 둘러싼 환경을 스스로 통제할 수 있는 경험을 갖도록 하였다. 이러한 과정을 통해 자신이 가지고 있는 내면의 긍정적인 자원을 찾아갈 수 있도록 하였다. 5회기 마지막 활동은 '미래의 나에게 하고 싶은 말'이라는 주제로 노래 만들기 활동을 진행하였다. 본 활동에서 참여자들은 자신의 감정을 인식하고 수용하는 마음챙김의 경험을 하게 되고 또한 자신만의 가사를 직접 만들어 봄으로써 삶의 목적을 새각하는 시간을 갖도록 하였다. 이를 통해 미래의 삶의 방향을 설정하는 긍정적인 경험을 할 수 있도록 하였다.

3) 내용

이 활동에 참여한 참여자들의 반응은 다음과 같다. 1회기 참여자들은 음악을 들으며 떠오르는 심상을 통해 자신의 모습을 바라보게 되면서 자신을 사랑하고 친절한 마음을 갖게 되었다.

> "'나는 이렇게 발전하고 있구나.'라는 생각을 했어요. 엄마로서, 아내로서 안주하는 삶이 아닌 뭔가 계속 하고 있었던 나를 알게 되었어요. 그림을 보니 뭔가 알 수는 없지만 노력하고 있는 나를 보는 것 같아요. 더 생각해 봐야 할 것 같아요." (참여자 K)

"화장을 하지 않고서는 문 앞도 안 나가고 살았었는데. 난 예쁘게 하고 있던 사람인데. 다시 웃는 얼굴을 찾을 수 있을 것 같아요." (참여자 L)

[그림 5-1] **나의 모습**

2회기 활동에서는 자신의 20대 시절의 사진을 가져와 그 모습을 보면서 자신의 과거를 회상할 수 있었으며 그 시절 자신의 모습을 보면서 자신감을 갖게 되었고 이러한 자신감이 앞으로 미래에 대한 희망, 삶의 목적을 가질 수 있도록 도와주었다.

"그때는 외모에 불만이 많았어요. 그런데 사진을 찾다 보니 너무 예쁜 모습이었네요. 생각해 보니 오늘이 나의 가장 젊은 날이잖아요. 나를 돌봐야겠다는 생각을 했어요. 오늘이 가장 젊고 예쁜 날인데." (참여자 K)

"지금 보니 너무 어리네요. 이런 애들이 결혼을 하고…. 나의 20대는 정말 많은 것을 했어요. 운동권으로 일하다가 남편을 만나서 또 다른 세상을 알게 되고, 결혼을 하고 유학을 가고….이 어린애들이 그런 일들을 했어요. 대견해요." (참여자 L)

"일어나지도 않은 일들인데 걱정만 했던 것 같아요. 그때도 해 냈는데, 할 수 있을 것 같아요." (참여자 C)

드라마

나도 한때는 그이의 손을 잡고 내가 온 세상 주인공이 된 듯
꽃송이의 꽃잎 하나하나까지 모두 날 위해 피어났지
올림픽대로 뚝섬 유원지 서촌 골목골목 예쁜 식당
나를 휘청거리게 만든 주옥같은 대사들
다시 누군가 사랑할 수 있을까 예쁘다는 말 들을 수 있을까
하루 단 하루만 기회가 온다면 죽을힘을 다해 빛나리

언제부턴가 급격하게 단조로 바뀌던 배경음악
조명이 꺼진 세트장에 혼자 남겨진 나는
단역을 맡은 그냥 평범한 여자 꽃도 하늘도 한강도 거짓말
나의 드라마는 또 이렇게 끝나 나왔는지조차 모르게
끝났는지조차 모르게

[그림 5-2] 사진과 활동곡

3회기 활동에서 참여자들은 콰이어차임 악기로 연주를 하면서 음악의 아름다움을 느낄 수 있었으며 그러한 감정들은 다시 여전히 아름다운 자신의 한 면을 발견하게 하도록 해 주었다.

"이 나이에 새로운 악기를 연주할 줄은 몰랐어요. 근데 너무 좋고 제가 할 수 있다는 것에 뭔가 뿌듯함? 이런 게 느껴지요. 정말 좋아요. 그리고 마치 어린 시절 잊고 있었던 그 자신감 있고 좋았던 그때의 내 모습이 자꾸 생각나요. 그리고 지금도 내가 뭔가를 할 수 있겠구나. 아직 늦지 않았구나. 이런 생각도 좀 들어요." (참여자 F)

"같이 뭔가를 만들어 내는 경험이 오랜만인 것 같아요. 그리고 내 존재가 소중하다는 생각도 들어요. 무대는 아니지만 내가 이렇게 주인공처럼 주목받아 본 지 너무 오래됐는데, 떨린다는 것보다는 설레임? 그냥좋은 것 같아요. 아름다워요." (참여자 G)

4회기 참여자들은 다양한 악기로 악보 없이 음악의 구조를 느끼고 즉흥적인 연주 활동에 참여하면서 스스로 음악을 리드해 가는 과정을 통해 환경을 통제해 보는 긍정적인 경험을 할 수 있었다. 이러한 성공적으로 경험된 연주 활동 이후 이어진 음악 감상과 콜라주 활동은 참여자들이 자신의 긍정자원을 시각화하도록 도왔으며, 이는 재통찰의 경험으로 이어질 수 있었다.

"즉흥연주라는 것을 처음 해 봤는데 제가 리드하는 느낌이 있어요. 음악을 잘 못하는데 제가 하는 대로 따라와 주고 맞춰 주니깐 제 연주가 그리 훌륭하진 않지만 신이 나서 계속하게 되는 것 같아요. (치료사 질문: 생활에서 주로 리드하는 편이신가요?) 음, 인생이랑 비슷한 것도 같아요. 겁은 나지만 리드해 보는거죠. 그럼 뭐 이렇게 살게 되는 것 같아요. 처음 사는 인생인데 정답을 알고 시작하는 사람은 없잖아요. 그냥 해 보는거죠. 뭐 대단한 인생은 아니지만 지지고 볶고 하면서 살게 되는 거죠. 살아 낸다고 할까요? (웃음)" (참여자 D)

"완성된 콜라주를 보니 우울한 그림이 나올 것 같았는데 저도 놀랐어요. 너무 긍정적인 그림인데요? (웃음) 그림이 딱 저의 인생인 것 같아요. 휴식이 필요하고, 근데 원래 제가 막 떠들고 노는 거 좋아하거든요, 친구들하고, 활기찬 저네요. 이 정도면 성공한 것도 같고, 그리고 제 인생에 중요한 음악, 좀 빼도 되는데 꼭 음악은 갖고 가게 되네요, (웃음) 또 추억, 그리움, 이게 온전히 저인 것 같아요. 되게 슬프고 고단한 줄만 알았는데, 저에게 많은 일들이 있는 것 같아요. 아픔까지도 추억인 것 같고요. 보물 같은." (참여자 E)

"사진을 하나씩 찾아 보면서 저의 과거도 찾고 현재도 찾게 되는 것 같아요. 근데 미래의 장면을 찾는 데 더 많은 시간이 걸린 것 같아요. 행복한 가정? 이게 제 미래의 꿈인가 봐요. 웃는 모습이 참 좋아요. 근데 미래에 저렇게 웃으려면 지금 어떻게 해야 할까를 생각하게 되었어요. 지금 포기하면 안 될 것 같아요. 사실 힘도 없고 희망도 없었는데, 다시 힘을 내야 할 것 같아요. 저한테 사실 나쁜 것만 있는 것도 아닌데…. 저보다 훨씬 못한 사람도 많고, 어쩌면 저를 부러워하는 사람들도 있을 텐데, 제가 제 자신을 너무 우울하고 부정적으로 대한 것 같아요. 지난날과 비교해 보면 젊음은 잃었지만 대신 많은 걸 갖고 있거든요. 그동안 살아 본 것, 버텨 온 것을 일단 스스로 칭찬해 주고 다시 힘을 내 볼까 봐요." (참여자 F)

[그림 5-3] 음악과 미술: 음악 콜라주

마지막 5회기 가사 만들기 활동에서 참여자들은 지난 세월을 되돌아 보게 하는 가사가 포함된 노래를 부르고 토의해 보는 경험을 통해 자신의 과거를 이해하고 현재의 감정을 수용하는 경험을 하게 되었으며, 가사를 직접 채워 보는 경험을 통해 참여자들은 삶의 방향을 설정하고 확인하는 경험을 하게 되었다.

"저희 아버지가 오래전에 해 주신 말인데요, 갑자기 기억이 나네요. 제가 좀 흥분을 잘 하거든요. 그때마다 '침착해라.'라고 하셨었어요. 그때는 못했는데, 이제 해 보려고요. 그래서 가사에 '이제 그 해답이 침착이라면 어떤 일이 생겨도 나는 그럴 수 있지 하며 이해해 보겠어.'라고 했어요." (참여자 A)

"가사가 정말 와닿는 것 같아요. '실패와 고난의 시간을 비켜갈 수 없다는 걸 깨달았네.' 하는 가사에서 울컥했어요. 저는 과거에 너무 용기가 없었던 것 같아요. 어차피 누구나 오는 고난이라면 그저 용기 내 볼걸 하는 생각이 드네요. 젊을 때인데 왜 그렇게 용기가 없었을까요. 이제 아직도 남은 생이 많은데, 그래서 '그 해답이 용기라면 다가올 삶을 용기 내 걸어 가겠네.'라고 했어요." (참여자 D)

"지금 제가 많이 힘든 상황인데요, 남편은 실직을 했고, 아들도 재수해요. 너무 힘든데요, 뭘 해야 할지는 모르겠어요. 그렇지만 '그 해답이 기다림이라면 이제 잠잠히 기다려 보겠네.'라고 넣고 싶어요. 기다리다 보면 뭐, 좋은 날이 또 오지 않을까요?" (참여자 F)

4) 맺음말

이 활동은 중년 여성들의 심리적 건강을 위한 음악 활동 프로그램을 개발하고 적용한 것이다. 전 세계적으로 고령화가 급속히 진행되면서 이제는 노년기뿐만이 아닌 성공적인 노년기를 준비하는 중년기에도 관심이 집중되고 있다. 특히 현대 중년 여성들은 과거의 여성들의 모습과는 달리 교육적 · 문화적 · 경제적으로 어느 정도 배경을 가지고 있다. 이러한 사회적 분위기를 반영하여 중년여성들의 심리적인 건강을 위한 본 활동은 한 가정의 아내이며 어머니인 중년여성의 심리적 건강이 가족의 건강으로 연결될 수 있으며 또한 이러한 건강한 모습은 사회로도 확장될 수 있다는 점에서 의미를 갖는다고 생각한다. 동일 세대를 살아왔던 참여자들과 함께 한 이러한 시간들은 치료사에게도 역시 의미 있는 시간이었으며 이러한 프로그램이 확대될 수 있기를 기대해 본다.

5. 노인을 위한 음악심리치료

치료사 소개: **이승윤 음악치료사**

➡ 음악치료사 이승윤은 숙명여자대학교에서 음악치료학 박사과정을 수료하였으며 실습 수퍼바이저로 학생들을 만나고 있다. 노인, 성인을 주 대상으로 활동하고 있으며, 현재 삼성 노블카운티, 더 시그넘하우스, Y시 치매안심센터 등에서 음악치료를 진행하면서 내담자에게 음악으로 행복하고 의미 있는 시간을 제공하기 위해 언제나 고민하며 노력하고 있다.

제목: 함께 걸어가는 길

개요

이 사례는 Y시 치매안심센터에서 진행한 가족 힐링 프로그램으로 경중 치매환자와 보호자가 함께 8주간의 음악치료에 참여한 네 부부의 경험을 다룬다. 가족 프로그램이지만 주 보호자가 환자의 배우자이며 내담자 모두 70대 이상이므로 노인 대상 음악심리치료의 사례로 소개하고자 한다. 치매 환자 보호자의 경우 환자 돌봄에 대한 부담감과 미래 상황에 대한 두려움, 상실감과 스트레스를, 경증 치매 환자의 경우 배우자에 대한 미안함, 치매 악화에 대한 걱정과 두려움을 경험하고 있다. 따라서 본 사례는 음악 특히 내담자에게 친숙한 대중가요를 주로 사용하여 송라이팅(songwriting), 가사 토의(song communication), 노래 부르기, 악기 연주, 그리고 음악 감상을 통해 연령에 적합한 인지 자극과 더불어 부부가 함께했던 행복한 시절을 떠올리고 솔직한 마음을 표현하며 서로에 대한 긍정적 관계를 이어갈 수 있도록 돕고자 진행되었다.

1) 진행과정

가족이 함께하는 프로그램은 총 8회기의 그룹치료로 이루어졌다. 4회기 음악 콜라주를 제외한 매 회기는 한 주간의 근황을 묻고 현재의 기분을 점검하는 것으로 시작하여 동요 부르기와 손 운동을 통해 웜업(warming up)의 시간을 가졌다. 본 활동은 주로 1940년대부터 1980년대까지의 대중가요 중 내담자의 상황에 따라 치료사가 의도하여 설정한 주제에 맞게 선곡한 노래를 함께 부르고, 가사와 삶, 감정을 연관지어 이야기하거나 내담자의 상황에 맞도록 가사를 만들어 보는 등 노래 중심의 심리치료로 구성되었으며, 선율악기의 합주를 통해 음악적 심미감과 공동의 작업을 통한 성취감을 경험할 수 있도록 하였다. 세션 후반부는 내담자의 긍정적 심리 상태와 활력의 정도를 최고 수준으로 끌어올리기 위하여 타악기 재창조연주를 진행하며 마무리하였다. 노인 내담자의 경우 건강의 상태 혹은 기상 상황에 따라 출석 여부가 유동적이며 치매 정도에 따라 치료의 연속성을 유지하는 데 어려움이 발생할 수 있으므로 한 회기 내에 최대한 다양한 음악적 경험(노래 부르기, 감상, 악기 연주 등)을 제공하려 하였으며 참여한 그 자리에서 충분한 만족감과 의미를 얻고 귀가할 수 있도록 노력하였다.

2) 내용

(1) 〈1회기〉 첫 만남

새로운 내담자 그룹을 만나는 일은 늘 설레면서도 두렵다. 그동안 여러 번의 가족(부부) 프로그램을 진행하였지만 단 한 번도 동일하게 흘러갔던 적이 없다. 두 시간 내내 노래 10곡 이상을 끊임없이 불러도 지치지 않았던 그룹, 악기 연주를 특히 좋아하셨던 그룹, 노래 한 곡의 가사를 중심으로 이어지는 대화가 서로에게 공감이 되고 큰 격려가 되었던 그룹 등 저마다의 특성이 모두 다르게 나타났다. 그래서 늘 첫 회기는 떨리면서 궁금하다. 이번에는 어떤 모습으로 주어진 시간들을 채우게 될까?

더위가 꺾이고 아침, 저녁으로 선선한 바람이 불기 시작한 9월 첫 주, 앞으로 8주간 함께 하게 될 아버님, 어머님들을 뵈었다. 이번 그룹은 경도 치매 진단을 받으신 어르신들과 배우자(주 보호자)로, 70~80대의 네 부부가 함께하게 되었다.

첫 만남의 어색함은 치료사의 낭랑한 목소리로 전하는 인사와 함께, 기타 반주에 맞추어 부르는 옛 동요로 어느 정도 잠재워진다. 〈고향의 봄〉, 〈반달〉 등 어린아이의 노래인 듯하나 결코 아이들의 것만이 아닌 이 동요들은 함께 부르는 것만으로도 서로 동질감을 느끼고 노래의 감성에 푹 빠지도록 이끈다. 단지 부르기만 하는 데도 눈물을 흘리기도 하고 목이 메기도 한다. 참 신기하다.

첫 시간의 주 활동은 영화 〈Sound of Music〉의 삽입곡 〈에델바이스〉로 진행되었다. 주옥같은 음악이 풍부하게 담겨 있는 그리고 내담자 모두가 그 내용을 잘 알고 있는 영화인지라 영화 속 가족의 이야기를 편안하게 나눌 수 있었다. 고산 지대에서 추위의 고통을 감내하며 꿋꿋하게 피어 있는 에델바이스에 관한 이야기와 함께 노래도 불러 보았다. 〈에델바이스〉의 화음을 따라, 치료사의 손지시와 눈 마주침에 집중하며 핸드벨을 연주했다. 각자 서로 다른 음의 악기가 모여 화음을 만들고, 치료사의 인도로 모두가 함께 만들어 가는 음악을 들으며 내담자들은 활짝 미소를 보였다.

어느 정도의 어색함이 풀린 시점에 자기소개를 해 보았다. 음악 시간이니 음악으로. 패티김의 〈사랑이란 두 글자〉에 맞춰 자신을 소개했다. 그리고 이 시간에 대한 치료사의 마음과 내담자의 기대감을 넣은 가사를 만들고 함께 부르며 마무리했다.

> 사랑하는 아버님 만나서 반가워요
> 사랑하는 어머님 음악으로 행복해요
> 노래하는 이 시간 내 마음도 평안해져요
> 함께하는 이 시간 사랑으로 가득해요

이 시간을 통해 내담자 개인의 특성, 그룹의 분위기, 언어적 소통,

선호하는 음악 활동 등을 진단할 수 있었다. 첫 만남임을 고려한다 하더라도 이 정도라면 노래 부르기에 적극적이며 자연스럽고 의미 있는 언어 소통이 가능한 그룹임을 알 수 있었다. 치매 진단을 받았으나 적절한 치료사의 중재가 있다면 어느 정도의 인지적 과제가 주어진 악기 연주도 가능한 수준으로 판단되었다. 앞으로의 두 달, 삶과 기억 속에 늘 흐르고 있었으나 잠시 잊고 계셨던 음악들을 찾아 드리고, 우리가 함께하는 시간만큼은 가장 편안하고 행복하고 위로가 되는 경험을 드릴 수 있도록 치료사로서 최선을 다해야 할 시간이 시작되었다.

(2) 〈4회기〉 나에게는 평안과 자유가 필요하다

4회기 세션은 음악 콜라주로 계획하였다. 음악 콜라주는 내담자가 음악을 들으면서 떠오르는 자신의 기분이나 생각을 다양한 재료를 활용하여 그림으로 표현하는 기법을 말한다. 이를 위하여 사용한 음악은 로열필하모닉 오케스트라가 연주한 험퍼딩크(Humperdink)의 헨젤과 그레텔(Hansel and Gretel) 1막 1장(Act 1.1) 서곡(Overture)으로 7분 58초 간 연주되는 곡이다. 잔잔한 종교적 분위기의 A파트, 경쾌한 스타카토와 셋잇단음표로 구성되어 있는 B파트, 서정적인 멜로디와 경쾌한 멜로디가 번갈아 사용된 C파트가 차례로, 반복적으로 등장하여 내담자가 음악의 역동을 통해 다양한 심상을 떠올려 이미지를 선택하도록 자극하는 데 효과적으로 사용할 수 있다.

평소와는 다른 형태의 세션이어서 과연 내담자들이 이 과정을 잘 이해하고 따라오실 수 있을까 조금은 걱정이 되었다. 특히 중증은 아니지만 치매 증상을 보이는 내담자들이 개인도 아닌 그룹치료에서 집중이 필요한 시간들을 잘 견디실지도 우려되는 점 중 하나였

[그림 5-4] **활동 사진**

다. 그러나 환자와 보호자의 관계를 떠나 특별히 보호자들에게, 독립적으로 자신에게 집중하고 돌볼 시간이 필요했기에 시도해 보기로 했다.

호흡을 통해 신체를 이완시키고 감상에 들어갔다. 짧지 않은 길이의 곡이었는데 생각보다 어려움 없이 음악에 집중하셨다. 자리를 이탈하는 분도, 눈을 뜨는 분도 계시지 않았다. 다행이었다. 신문, 잡지, 색종이 등을 드리고 마음에 와닿는 이미지들을 오려 놓도록 했다. 오랜만에 해 보는 가위질, 종이 찢기 등 열심히 자기만의 이미지들을 수집하는 데 여념이 없었다. 다시 한번 음악을 들으며 하얀 도화지에 각자가 수집한 이미지들을 배치하고 꾸밀 수 있도록 격려했다. 완성된 작품에 대하여 생각을 나누어 보는 시간. 서로의 이야기를 들으며 공감하고 위로하고 때로는 놀라기도 하고 즐거워하기도 했다. 같은 공간 안에서 동시대를 살아오신 분들의 그리고 같은 어려움을 겪는 분들의 이해와 나눔의 깊이는 감히 젊은 치료사가 가늠

[그림 5-5] 다양한 콜라주 작품

하기 어려울 만큼 심오했다.

"내가 젊은 시절 선물 받았던 귀한 시계였는데 출장을 갔다가 잃어버렸지. 그런데 세상에, 정말 똑같이 생긴 시계 사진이 보이지 뭐야. 내 한창 시절을 함께 보냈는데 지금 생각해도 너무 아쉽고 아깝고 그래. 이렇게 보니 반갑네. 이건 우리 아내가 갖고 싶어 해서 여행 가면서 면세점에서 사 줬던 핸드백인데, 아마 기억도 못할 거야. 이제는 어디에 있는지도 모르지 싶은데. …(중략)… 어쩌다 보니 다 우리 가족의 추억과 관련된 사진들이고 기억들이네. 오랜 세월 기쁜 일도 어려운 일도 많았지만 그래도 가족이라 참 좋았지. 지금은 아내가 기억을 잘 못해 내도 그래도 고마운 건 고마운 거야." (내담자 1)

"사진을 다 붙여 놓고 보니 뭔가 정신이 없네요. 내 마음이 지금 이런가? 뭐가 일관성이 없는 것 같은데. 예쁜 여자 사진이 눈에 많이 띄더라고. 젊었던 시절이 그리운가. 주부들 삶이 그렇긴 하지만, 생활의 중심이 늘 내가 아니었지. 요즘은 남편이 힘드니까 더 남편 위주가 될 수밖에 없어. 내 것이 없는 것 같아요. 무언가 정리할 필요가 있어. 막 붙이다 보니 종이에 빈 공간도 없이 답답해 보이고. 내 머릿속이 이렇게 답답한가봐. 딱 내 상태네 이게." (내담자 2)

"음악을 듣는데 날아가고 싶었어요. 어디든 떠나고 싶더라고. 나이들고 나도 몸이 힘든데 나보다 더 힘든 사람을 보고 있으려니 사실 답답하고 속상하지. 그런데 생각보다 그 마음이 더 심했나봐. 어째 사진 고르는데 여행하고 싶은 곳들만 보이네. 이렇게라도 떠나는 상상을 하니까 시원하긴 하네요." (내담자 3)

"여행 가고 싶어요. 그냥 딱 그 생각. 맛있는 음식 먹으면서 여행하면 얼마나 좋아. 떠나고 싶어. 생각만 해도 행복해. 자유가 필요한 거지."
(내담자 4)

같은 음악을 듣고도 서로 다른 다양한 작품과 이야기가 나올 수 있음에 신기해하며 서로의 이야기를 듣는 데 집중하고 의견을 나누는 시간이었다. 분주하게 다른 사람을 챙기느라 나를 돌아 보지 못했던 시간 속에서 잠시나마 내 마음이 원하는 것이 어떤 것인지, 무엇을 말하고 싶은지 들여다볼 수 있는 시간이었다. 결론은 내담자들 대부분, 특히 보호자들에게는 평안과 자유가 필요하다는 것이었다. 여러 가지 여건상 원하는 대로 모든 것을 바꿀 수는 없다. 그러나 나에게 무엇이 필요한지 아는 것과 모르는 것은 나를 돌봄에 있어 큰 차이가 있음은 분명하다. 우리가 함께하는 음악이, 노래가 이분들께 조금이나마 평안과 자유의 통로가 되어 주기를.

(3) 〈7회기〉 결국엔 서로밖에

한 아버님께서 함께 부르기를 원하셨던 노래가 있었다. 노사연의 〈님 그림자〉. 내담자의 추천곡이라면 특별한 이유가 없는 한 그 자리에서 혹은 그 다음 회기에서라도 함께 부르고 이야기를 나눈다. 이야기 내용의 꼬리를 물고 노래와 대화를 이어간다.

저만치 앞서가는 님 뒤로 그림자 길게 드린 밤
님의 그림자 밟으려 하니 서러움이 가슴에 이네
님은 나의 마음 헤아릴까 별만 헤듯 걷는 밤
휘휑한 달빛 아래 님 뒤로 긴 그림자 밟을 날 없네

"특별히 이 노래를 함께 하고 싶으셨던 이유를 여쭤 봐도 될까요?"
"뭐 그냥 특별한 이유라기보다 그림자조차 밟기 조심스러운, 아련한 마음이, 다 비슷할 것 같아요. 모든 게 조심스럽죠. 나는 답답한데 (아내를 가리키며) 알고 있으려나 알 수도 없고, 자식들도 부모 생각한다 해도 부모가 자식 생각하는 것만큼 깊지는 못하지 아무래도. 니들이 내 맘을 알까 싶고."

부모의 내리사랑에 대한 이야기들이 오고 갔다. 자식을 다 키우고 나니 이제야 내 부모님이 이해가 가는데 아이들이 이 마음 알려면 아직 멀었다는 말씀을 하셨다. 나는 대화를 들으며 떠오르는 노래가 있어 함께 불러 보기를 제안했다. 그 노래는 유주용의 〈부모〉.

낙엽이 우수수 떨어질 때

겨울의 기나긴 밤 어머님하고 둘이 앉아

옛 이야기 들어라

나는 어쩌면 생겨나와 이 이야기 듣는가

묻지도 말아라 내일 날에

내가 부모 되어서 알아보리라

내담자들은 잠시 생각에 잠겼다.

"그런 거지. 얘기해 봐야 아나. 다 경험하고 직접 느껴야 알게 되는 거지. 사는 게 그런 거야."

"그렇군요. 저도 아이들 키우면서 부모님 사랑 많이 깨닫고 있다고 생각했는데 아직 멀었나 봐요. 그렇다면 자식들을 잠시 제외하고 내 가까이 있는 소중한 존재를 떠올린다면 누가 있을까요? 사람도 좋고 물건도 좋고 무엇이든 생각나시는 대로 말씀해 주시면 됩니다. 이번에는 한 분씩 돌아가면서 얘기해 볼까요?"

"손주들!" "우리가 가꾸는 다육이들" "친구"

잠시 뜸을 들이시던 아버님께서 말씀하셨다.

"보니까 결국 아내밖에 없더라고." 모두가 손뼉을 치면서 환호했다.

"아내에게 병이 생겼다는 것을 알았을 때 너무 화가 났지. 나보다 더 부지런하고 정확한 사람이었는데. 그래서 처음에는 자꾸 고쳐 주려고 했어. 왜 잊어버리냐고. 그거 아니라고. 그런데 옆에서 하는 말이, 그렇게 다그치면 스트레스 받아서 더 나빠진대. 나도 힘들고. 그래서 받아들이기로 했어. 내 팔자겠거니 하는 거지. 그냥 그런가보다 하고 그냥 잘한다 하고 즐겁게 지내려고 애쓰려고 해. 예전보다 더 친구처럼. 그래서 이런 프로그램에도 같이 오고 그러는 거야. 좋잖아. 이 한 시간이라도 잠시 잊어버리거든. 옛날 생각도 나고."

아내분이 말씀하신다.

"우리 남편이 원래 나한테 참 잘했어요. 내가 좀 까다롭거든. 급하고."

이어서 내담자 간의 대화가 이어진다.

"이렇게 함께 나오신다는 것 자체가 건강하신 거죠. 사실 남편이 아픈 아내 대동하여 나오는 것이 쉽지 않은데 대단하세요."
"부부간에도 좋은 말로 표현하면서 지내는 게 필요하지. 저도 우리 남편 치매 얘기 듣고 속상했는데 그 마음 가라앉히기가 쉽지 않더라구요. 이렇게라도 따라 나와 주는 것이 그래도 고맙고."

앞선 6회기 동안 어느 정도 나눔의 시간이 있었기에 보호자와 환자의 경계를 넘어, 서로 공감하고 긍정적인 영향을 주고받는 대화가 자연스럽게 이어질 수 있었다. 보호자는 환자를 최대한 보듬어 주고 환자는 완전하지는 않으나 보호자의 이야기를 경청하며 감사의 마음을 표현하였다. 이 마음을 그대로 담아 나훈아의 〈사랑〉을 함께 불렀다.

이 세상에 하나밖에 둘도 없는 내 여인아

보고 또 보고 또 쳐다봐도 싫지 않은 내 사랑아

비 내리는 여름날엔 내가 당신 우산이 되고

눈 내리는 겨울날엔 내가 당신 불이 되리라

온 세상을 다 준다 해도 바꿀 수 없는 내 여인아

잠시라도 떨어져선 못 살 것 같은 내 사랑아

어려움이 있는 지금의 시간이지만 오랜 시간 함께해 왔기에 서로에게 최선을 다해 본다. 노래를 부르며 손을 잡고 눈을 마주친다. 부끄럽고 어색하지만 노래가 도와주기에 그리고 그룹이 함께이기에 용기 내어 볼 수 있다. 이 노래 가사처럼 행여 당신이 외로울 때 서로가 서로에게 둘도 없는 친구가 되어 주리라 다짐해 본다.

(4) 〈8회기〉 만남을 마무리하며

예정되었던 8회기의 마지막 날이다. 그동안의 만남을 정리하며 악기 연주 중 가장 신나하셨던 행진곡 재창조연주를 함께 했다. 역시 치료사의 손지시에 따라 큰소리로 함께 연주할 때 아버님, 어머님의 표정에는 자신감과 활력과 웃음이 넘쳤다.

때마침 10월의 마지막 주. 이 시기에 잘 어울리는 노래가 있다. 이용의 〈잊혀진 계절〉.

지금도 기억하고 있어요. 시월의 마지막 밤을

뜻 모를 이야기만 남긴 채 우리는 헤어졌지요

그날의 쓸쓸했던 표정이 그대의 진실인가요

한 마디 변명도 못하고 잊혀져야 하는 건가요

언제나 돌아오는 계절은 나에게 꿈을 주지만

이룰 수 없는 꿈은 슬퍼요 나를 울려요

가을의 쓸쓸함이 느껴지는 가사에 마음을 울리는 멜로디와 감미로운 피아노 반주가 어우러져 모두가 잠시 사색에 잠겼다.

"노래 참 좋다." "일년 열두 달이 있는데 왜 시월의 마지막 밤일까?"
"이룰 수 없는 꿈, 사실 이 나이 되면 꿈같은 거 생각 안 해. 그냥 하루 하루 잘 살아 내는 거지."
"거대한 꿈도 있겠지만 아주 작은 소소한 일상의 꿈도 있을 수 있죠."

다양한 이야기를 쏟아 내신다. 이제는 노래를 부르고 생각을 이야기하는 것이 자연스럽다.

"돌아오는 계절은 무슨 계절인가요?"

겨울은 날씨가 추워지기는 하지만 성탄절도 있고, 연말연시의 분주함도 있고, 그 어느 때보다 나눔의 손길이 많아 따뜻한 계절이 될 수도 있음을 넌지시 말씀드렸다.

"우리 마지막 부분 가사를 마음에 들게 바꿔 볼까요?"

언제나 돌아오는 계절은 나에게 꿈을 주지요
겨울이 주는 꿈을 꾸어요 기대해 봐요

함께 바꾼 가사로 다시 노래를 불러 보았다. 노래가 마무리되었을 때 만족스러운 표정으로 모두 박수를 쳤다. 우리의 시간은 이렇게 마무리되지만 8주간 잠시 잊고 지냈던 노래들을 되찾고 음악과 함께한 추억으로 부디 모두가 이번 겨울만큼은 따뜻함으로 가득 채우시길 기대해 본다.

4) 맺음말

"예전에는 몰랐는데, 옛날 노래들이 가사가 참 좋네. 생각해 볼 만한 것들이 많아. 잊고 있던 노래를 다시 찾은 것 같아 좋아."

이 사례에 참가한 내담자들은 젊은 시절 늘 듣고 불렀으나 바쁜 세월을 살아가며 잊고 있었던 노래들을 되찾고 당시의 추억까지 소환하여 행복을 느낄 수 있었음에 만족감을 보였다. 그리고 노래의 가사를 통해서 그리고 함께 부르는 이 시간을 통해서 자신의 내면을 들여다보고 자연스럽게 부부간의 감사와 사랑의 마음을 조금씩이나마 표현할 수 있는 계기가 되었다.

노인 음악치료를 진행함에 있어 1930년대부터 쌓인 흘러간 옛 노래는 내담자를 위한 가장 중요한 치료도구라고 할 수 있다. 다양한 레퍼토리를 최대한 많이 확보하고 적절한 순간, 적합한 노래를 떠올릴 수 있다면 심리치료 현장에서 매우 효과적으로 세션을 진행할 수 있다. 이와 더불어 노래의 분위기와 배경을 파악하고, 가사를 구성하는 단어들의 사전적 의미뿐 아니라 노래가 담고 있는 깊은 의미를 충분히 이해하는 것, 그리고 그 무엇보다 내담자들이 살아 오신 삶을 존중하고 그동안의 수고에 진심으로 감사하는 마음을 갖는 것은 노인 음악치료사로서 갖추어야 할 중요한 덕목이라고 할 수 있겠다.

6. 가족을 위한 음악심리치료

치료사 소개: **김성희 음악치료사**

➡ 작은 것에서도 소중한 의미를 발견하고 통찰과 통합을 이루고자 노력한다. 그녀는 사회의 발전과 함께 새롭게 변화하는 임상 현장에서 어려움에 처한 내담자를 위한 최적의 음악치료가 무엇일지 늘 고민하는 치료사이다. 내담자가 내적 성장을 이루고 삶이 긍정적으로 변화하는 과정에 함께하는 것에서 보람과 행복을 느낀다.

숙명여자대학교에서 임상 음악치료 석사 졸업, 동 대학 박사과정을 수료하였으며 임상음악 전문가, GIM심상음악치료사(FAMI), 청소년상담사, 브레인트레이너, MBTI 강사, AP(적극적 부모 역할)지도자, 명상지도전문가 자격을 가지고 있다. 현재 김성희음악치료연구소(서울 소재) 대표로 치료, 상담 및 교육 프로그램 운영, 국립중앙청소년디딤센터, 육군 그린캠프, 외부 강연 등의 활동을 하고 있다.

치료사 소개: **김현정 음악치료사**

➡ 음악치료사 김현정은 건강한 사회를 만들어 가는 음악의 힘에 대해 늘 주시하는 사람이다. 숙명여자대학교에서 음악치료를 전공하고 박사과정을 수료하였으며 개인과 집단의 정신건강을 돕는 다양한 음악치료를 실시하였다. 특히 청소년을 대상으로 다수의 세션을 진행하였으며, 그들의 심리·사회적 필요를 더욱 적극적으

로 돕기 위해 청소년상담사 자격을 취득하였다. 지역사회 기관(문화재단, 박물관, 도서관 등)협력 프로그램 및 1:1 심리상담/치료, 청소년을 위한 미디 수업 등을 진행하고 있다.

치료사 소개: **김현주 음악치료사**

➡ 음악치료사 김현주는 음악과 춤 그리고 미술을 사랑하는 치료사이다. 내담자의 고유한 모습과 그가 가진 생명이 활성화되도록 도우며, 내담자가 자신의 가치를 믿고 세상에 나누어 가기로 할 때 가장 보람된다고 느끼는 음악치료사이다. 숙명여자대학교 음악치료대학원 석사과정의 음악치료를 전공하고, 전주대학교에서 표현예술치료 박사과정 중에 있으며 노도프-로빈스 음악치료사, 성악심리치료사, OSP 퍼실리테이터 자격을 가지고 있다. 현재 예술 약방에서 수석연구원으로 있으며 싱글앨범으로 '따뜻한 품의 노래'를 발표했다.

치료사 소개: **전유진 음악치료사**

➡ 음악치료사 전유진은 음악이 가진 따뜻함과 사람을 향한 다정함으로 세상을 밝게 비추고 싶은 음악치료사이다. 학부에서 성악을 전공하고, 숙명여자대학교 음악치료대학원에서 음악치료를 전공하여 아동, 청소년부터 노인에 이르기까지 다양한 임상영역에서 음악으로 동행하는 시간을 이어갔다. 현재는 서울시 소재의 치매안심센터에서 치매환자들과 그들의 가족들을 위해 음악이 주는 위로와 도움을 제공하며 그들의 삶에 함께 하고 있다.

제목: 우리 가족 노래 만들기

개요:

이 사례는 국내 입양 아동 및 양부모, 기타 가족의 심리, 정서적인 지지와 안정적인 애착을 형성하기 위한 목적으로 진행된 활동이다. 총 다섯 가족이 참석하였으며 5명의 치료사가 각 가정을 방문하여 총 8회의 음악 활동을 진행하였다. 각 가정이 만든 노래는 CD로 제작하였으며 마지막 노래 발표회를 진행하였다. 프로그램 참여 이후 가족들은 가족 간의 노래를 만들면서 유대감이 형성되고 가족만의 추억을 만들 수 있는 시간이 되었다고 만족해 하였다.

내담자 정보:

본 활동은 입양 관련 기관 홍보를 통해 총 다섯 가족을 모집하였다. 다섯 가족 모두 공개 입양아동이 있으며 이중 세 가족은 이미 형제자매가 있는 가정이며, 한 가족은 2명의 아동을 입양하였다. 입양아동의 연령은 8~14세이며 활동은 입양아동, 부모, 그리고 형제자매가 함께 참여하였다. 가족들은 입양으로 인해 발생할 수 있는 아동의 심리정서적인 문제를 이해하고 이들이 가족 안에서의 적응과 친생 자녀와의 관계에서도 유대감 형성이 필요함을 요구하였다. 또한 양부모로서 자신감을 갖고 아동이 건강하게 안정된 상태에서 성장할 수 있도록 돕고자 하는 요구가 있었다. 특히 자녀가 성장하고 청소년기에 접어들면서 양육의 어려움을 호소하고 있으며 새로운 가족을 구성하는 변화의 과정에서 가족을 재구조화하고 화합을 위한 실질적인 도움을 요구하였다.

1) 진행과정

본 프로그램은 약 3개월 동안 총 5회기로 진행되었으며 회기당 90~120분 활동을 진행하였다. 각 가정을 방문하여 5명의 치료사가 개별적으로 진행하였기 때문에 기본적인 프로그램의 구조 안에서 가정의 상황과 조건에 맞게 융통성 있게 변경하였다. 프로그램의 목적은 입양가족의 부모와 아동 사이의 심리적인 지지와 안정적인 애착을 형성하며 입양아동에게 발생할 수 있는 부적응적인 문제들은 적응적으로 변화할 수 있도록 돕는 것이다. 진행과정은 먼저 사전에 가정을 방문하여 가족의 상황과 역동을 알아 보고 이후 8회 가족 노래를 만들기 위한 단계적 음악 활동을 진행하였다. 이후 가족의 노래들은 녹음실에서 녹음하고 마지막으로 각 가족이 노래를 발표하는 순서로 진행하였다. 8회기 프로그램의 기본적인 내용은 다음과 같다.

〈표 5-2〉 8회기 활동의 기본 내용

회기	주제	내용
1	가족 간의 친밀감 형성하기	• 가족을 떠올리는 노래를 선곡하여 감상하기
2		• 노래에 관해 이야기를 나누면서 가족 간에 서로 새롭게 알게 된 점, 이해하게 된 점을 발견하고 표현하기
3	음악 만들기	• 리듬게임을 하면서 다양한 리듬을 익히고 연주하기
4		• 다양한 악기로 가족이 함께 혹은 혼자서 연주해 보기 • 다양한 멜로디 만들어 보기
5	우리 가족 이야기 만들기	• 가족 이야기를 주제로 가사 만들기
6	우리 가족의 멜로디	• 가족이 만든 가사에 멜로디 만들기
7		
8	우리 가족의 하모니	• 완성된 노래 부르기

2) 주요 방법

각 프로그램은 주 1회 진행하였으며 각 회기별 내용은 다음과 같다. 먼저 각 회기별 구성은 활동 전에 지난 시간의 안부를 묻고 가족들이 일상에 대해 서로 자유롭게 이야기를 할 수 있도록 하였다. 그리고 활동 전 웜업(warm-up)을 위해 노래 부르기, 악기 연주 등의 활동을 진행하였다. 1~2회기에서는 가족 간의 생각과 역동을 알아보기 위해 가족들을 생각하면 떠오르는 노래를 선택하고 이야기하면서 가족들에 대한 서로의 생각을 알아 보았다. 3~4회기는 가족노래 만들기를 위한 준비로 다양한 리듬을 연주해 보고 멜로디를 노래해 보면서 음악 만들기에 대해 친숙함을 갖도록 하고 동기부여가될 수 있도록 하였다. 5회기에서는 가족들만의 이야기로 가사 만들기를 하였다. 가족들만의 추억, 우리 가족의 특징 등 각 가족들이 자신들만의 가족 이야기로 가사를 만들도록 하였다. 6~7회기에서는 5회기에서 만든 가사에 멜로디를 만들어서 노래를 완성하도록 하였다. 그리고 8회기에서는 만든 노래를 편곡, 녹음하고 발표회를 위한 준비를 하였다.

3) 내용

각 가정별 진행한 내용은 다음과 같다.

(1) 김성희 음악치료사

프로그램 참여 가족은 입양아동 H와 부모님으로 이루어진 3인 가족으로 평소 부모님께서 아동과 소통하는 것에 어려움이 있다고 보고하였다. 평소에 가족 간 대화 및 가족 활동이 적은 편이라는 사전 정보에 따라 1회기는 음악 활동 및 가족 세션 분위기에 익숙해질 수 있는 활동으로 구성하였다. 타악기의 다양한 소리를 탐색하고 각자 악기를 선택하여 노래와 함께 간단한 리듬 연주를 하였고 리듬 전달하기와 리듬 모방하기 등 교류적 연주를 통해 가족 구성원 간의 친밀함을 높였다. 아동과 부모님이 모두 함께 부를 수 있는 〈멋쟁이 토마토〉 노래를 선택하여 멜로디를 익히고 곡의 부분 가사 넣기 활동을 하였는데 노래 부르기를 좋아하는 어머니는 매우 적극적인 모습을 보였고 아버지는 익숙하지 않은 활동에 쑥스러워하면서도 열심히 참여하였다. H는 감정에 대한 표현이나 처리가 서툴러서인지 다소 산만한 행동과 충동적인 모습이 나타났으며 노래에 잘 집중하지 못하는 편이었는데 치료사의 유도와 지지로 나머지 활동에 잘 참여하였다.

1회기에서 부모님께서는 아동을 객관적으로 관찰하고 좀 더 이해하게 되었으며 자신들의 태도도 되돌아 보게 되었다고 하였다.

2회기에서는 첫 회기 〈멋쟁이 토마토〉 노래에 가사 넣어 부르기 활동이 매우 좋아서 반복하기를 원하였으며 어머니께서는 〈과수원 길〉 노래를 가족이 함께 부르고 싶다고 하셨고 남편과 아이와 함께 노래할 수 있어 참 좋다고 하였다. 이어지는 신체를 활용한 타악기 (보디 퍼커션) 활동에서는 가족 역동과 표현력, 친밀감 향상을 위해 가족이 의논하여 동작을 정하였는데 이 과정에서 가족 간의 대화가 활발해졌다. 톤차임 연주에서는 H가 잘 집중하는 모습에 부모님께서 매우 뿌듯해하며 기뻐하였다.

3회기에서는 건반 타악기(자일로폰, 메탈로폰, 크로켄슈필)로 자신만의 멜로디를 만드는 활동이었는데 어머님은 매우 즐거워하셨고 표현을 어색해하시는 아버님도 자유롭게 연주했는데 피아노 반주와 어우러지는 것이 매우 신기한 경험이었다고 이야기하였다. 각 파트의 소리가 하모니를 이루고 구조를 형성해 가는 오르프 앙상블 연주를 통해 음악적 경험을 하도록 유도하였다. 점차로 음악 활동과 자신에 대한 표현, 가족 간의 교류가 자연스러워졌고 가족 노래 만들기를 위한 구체적인 작업에 들어갈 수 있는 단계가 되었다.

4회기에서는 가족이 함께한 순간들을 떠올려 그리고 싶은 것을 정한 후 큰 도화지에 가족 합동화를 그렸다. 자연스럽게 대화가 이루어지고 구체적인 서로의 기억들이 교류되면서 하나하나 추억이 정리되고 즐겁게 웃는 시간이 되었다. 가족 합동화의 내용을 토대로 부모님께서 기억하는 동요이며 아름다운 멜로디로 이루어진 노래 〈바닷가에서〉라는 노래를 함께 불렀다.

1~4회기를 지나면서 한층 가족 활동 시간이 자연스러워진 가운데 5회기에서는 가족이 서로 나누고 싶은 이야기와 말을 색상지에 쓰고 함께 이야기를 나누었다. 진솔한 이야기를 주고받았는데 그동안 직접 말하기 어려웠던 섭섭한 마음, 격려하고 감사해하는 마음과 생각을 나누었다. 특히 평소 철없이 장난치고 고집만 피운다고 생각했던 H가 부모님의 평소 모습에 대한 자신의 생각을 말하고 진지한 태도로 감사의 말을 전할 때는 부모님께서 대견함과 감동을 느끼는 모습을 보였다. 가족으로 서로에 대한 이해의 마음과 사랑을 확인할 수 있는 시간이었다.

6회기에서는 4, 5회기에서 다루었던 내용을 토대로 주제 멜로디의 분위기를 정하였고 가족이 나눈 대화와 표현된 감정들을 가사로 옮겨 적는 활동을 하였다. 가사를 정리하는 과정에서 서로에 대한 생각과 감정이 재확인되면서 긍정적 분위기가 고조되었다. 그 다음

시간에는 완성된 멜로디에 가사를 넣어 부르며 템포나 비트를 점검하였다. 멜로디를 익히고 가사의 내용을 따라 가족 구성원의 파트를 결정하였다. 기본 발성 훈련과 음정, 박을 익히고 파트별 개인 연습 및 제창 부분을 연습하였다. 연습이 진행될수록 모든 가족 구성원이 더 몰입하고 집중하였다.

마지막 회기에서는 완성된 음원에 맞춰 가사의 의미에 따른 감정과 느낌을 살려 노래하는 방법, 발성, 음정, 박자, 가사 발음 등을 보완하며 연습하였다. 함께한 마음과 생각이 악보로 완성되고 노래를 위한 멋진 음원이 탄생되었다는 것이 기쁘고 놀랍다고 하였다. 우리 가족만의 노래, 가족이 만든 노래로 매우 진지한 태도로 가족 모두가 연습에 임하였다. 긴장감도 있었지만 잘 불러 보고 싶다는 기대감과 가족이 함께하는 즐거움, 노래의 힘이 함께 하였기에 밝은 얼굴과 웃음소리 가득한 연습 시간이었다.

(2) 김현정 음악치료사

2명의 아동을 입양한 이 가정에는 이미 3명의 형제가 있었다. 활동에는 주로 두 아동과 부모가 참여하였으며, 녹음과 발표회 무대 준비는 3명의 형제도 함께 참여하였다.

1~2회기에는 두 명의 아동과 부모가 음악 작업에 흥미를 느낄 수 있도록 재창조연주 활동을 진행하였다. 〈사랑하는 마음을 드립니다〉 노래를 함께 부르고 컬러벨과 공명실로폰으로 합주를 하였다. 가족에 관한 메시지를 가진 〈아낌없이 주는 나무〉 음악극 활동에서는 다양한 리듬악기와 주제 노래, 내레이션 등의 역할을 분배하여 시연하고 토론을 하였다.

가족 구성원이 서로 집중할 수 있는 기회를 만들며 음악 안에서의 친밀감을 형성한 이후, 보다 적극적으로 서로에 대한 표현을 할 수 있도록 3~5회기를 구성하였다. 여러 장의 소형 메모지를 주면서 가족 구성원 7명의 크고 작은 특징을 짧게 많이 적도록 하였다. 한 명을 소개하는 노래로 8마디 길이의 멜로디를 만들고, 기록한 내용 중 8~10개 정도를 선택하여 나열식으로 가사를 써 붙였다. 오선악보를 완성하고 직접 노래 부르는 장면을 영상으로 찍는 등 노래를 만드는 일련의 과정을 경험하게 한 후, 최종 작업물을 위한 작업에 돌입했다.

5회기까지 나누었던 이야기들과 메모에 적힌 가족의 특징을 종합하여 벌스(verse) 부분의 가사를 미리 완성하고, 후렴 부분의 가사를 가족이 완성할 수 있게 하였다. 6회기에는 가족이 서로에게 하고 싶은 말을 다섯 글자로 표현하여 후렴 가사를 채울 수 있게 하였고, 멜로디를 익히면서 노래하는 연습을 하였다. 형제 중 한 명이 바이올린 연주가 가능하여 연습에 함께 참여하였고 또 다른 형제가 합류하여 젬베 연주를 덧입히게 되었다. 7~8회기에는 음원 녹음을 하기 위한 파트를 분배하여 노래를 연습하고, 발표회 무대를 꾸미기 위한 의상, 자리 배치를 의논하는 등 가족이 적극 소통하고 협력하며 활동을 마무리했다.

(3) 김현주 음악치료사

Y 가족은 아주 친한 모녀, 그리고 순수하면서도 책임감이 강한 아버지, 이렇게 3명이 한 가족이다. Y가 부모님의 집에 왔을 때는 아주 어린 아기였는데 부모님은 작고 어린 아기를 품에 안고 날마다 노래를 불러 재워 주었다고 한다. 어린 아기 Y가 민감하기도 했고 적응하는데 어려웠을 것을 배려했던 것이다. 부모님은 Y가 혹시라도 깰까

봐 침대에 내려놓지도 못한 채 밤새 노래를 불러 주었다고 한다. 그래서 'Y가 노래를 좋아하나?'라고 생각될 정도로 Y는 노래 부르기를 참 좋아했다. 노래 부르기를 좋아하는 것은 Y와 어머니의 공통점이기도 했다. 그리고 아버지는 Y가 부르는 노래를 참 좋아하셨다. 우리는 서로에 대해 생각나는 노래를 들어 보기도 하며 서로에 대해 이야기를 나누었다. 아버지가 어머니를 생각할 때 떠오르는 노래는 '그런 사람 또 없습니다'이고, 아버지가 Y를 생각할 때 떠오르는 노래는 재울 때 하도 많이 불러서 동요들이 생각난다고 하셨다. 어머니가 아버지를 생각할 때 떠오르는 노래는 〈Top of The World〉이고, 어머니가 Y를 생각할 때 떠오르는 노래는 〈얼굴〉이었다. Y가 아버지를 생각하면 떠오르는 노래는 〈골목길〉이고, Y가 어머니를 생각할 때 떠올렸던 노래는 〈물보라〉라고 했는데, 그 곡에서 어머니가 자신에게 "너는 내가 가슴으로 낳은 아이란다".라고 말씀하셨던 기억이 떠올랐다고 했다. 우리는 노래를 통해 뭉클함과 고마움을 느꼈다.

그런데 프로그램 진행하면서 작은 위기가 좀 있었다. Y의 아버님은 음악 활동이 익숙하지 않아서 혹여나 당신께서 방해가 될까 봐 불안한 마음이 크셨던 것이다. 그 마음을 알아챈 Y는 아버지를 격려하고, 따뜻한 말로 지지하였다. 아버지는 용기를 내셨고, 가족과 함께 〈Fun Four For Drum〉 곡도 합주하시고, 피아노 즉흥연주에도 참여하셨다. 부모님의 새로운 모습을 보는 것은 매우 즐거운 일이었다. Y의 기대되는 표정과 물개박수가 생각이 난다. 부모님께서 자신의 약한 부분을 이겨내 보는 것을 직접 보여 주는 것만큼 자녀에게 큰 유산이 되는 일이 또 있을까? 그런 면에서 Y이 부모님은 Y에게 도전적인 모습들을 많이 보여 주셨다. 함께 기타를 연주하면서 가족의 꿈이 생기게 되는데, 아빠는 노래를 배우고, Y는 기타를 연주하며 엄마는 가족이 하나가 되는 꿈을 꾸게 되었다. 그리고 이렇게 나누었던 모든 이야기들이 노래의 가사가 되면서 Y 가족의 노래가 탄생하게 되었다. Y가족의 노래 가사는 Y가 아기 때부터 시작된 이야기들로 서로에 대한 고마움, 기억, 사랑의 의미들로 구성되어 있고, 멜로디는 담담하게 표현하고 있으며, 따뜻한 악기의 음색, 그리고 전조와 다이나믹 변화를 통해 강력한 가족의 사랑이 표현되도록 하였다. 그리고 Y의 매력적인 목소리와 부모님 목소리의 지지로 멋지게 노래가 완성이 되었다.

(4) 전유진 음악치료사

우리의 첫 만남은 음악치료와 치료사 그리고 가족에 대한 소개로 시작되었다. 초반의 아동은 어색함과 소극적인 모습을 보였고, 이러한 아동 곁에는 수용적이고 지지적인 아버지와 계획된 활동과 규칙에 엄격한 어머니가 관찰되었다. 반복된 만남을 통해 보인 부모님의 모습은 아동에게 안정된 울타리로서 그 자리를 지키는 것처럼 느껴졌다.

익숙한 노래 〈도레미 송〉, 〈상어가족〉, 〈작은 별〉은 가족들의 적극적인 참여와 흥미를 향상시켰는데, 큰 목소리의 노래와 주도적인 노래의 개사, 집중적인 악기 연주가 음악을 향한 가족들의 선호적인 마음을 대변하였다. 한편, 4회기가 진행될 무렵 프로그램 직전에 가족 간의 갈등으로 분위기가 침체되어 있었다. 감상을 통한 활동으로 가족을 생각할 때 떠오르는 노래 소개와 토의하는 과정을 통해 가족은 공통적으로 '사랑과 감사'에 대한 키워드를 공통적으로 표현하며 가족에 대한 소중함과 지지를 음악을 통해 확인하며 회복하는 기회가 되었다. 이후 가족들은 서로를 향한 마음의 표현을 음악과 노래 가사로 표현하기에 주저함이 없었다. 이렇게 가족의 노래 탄생의 시작을 알리게 된 것이다. 서로를 향한 마음의 편지를 토대로 가사를 구성하였고, 활동 중 선호했던 노래 〈다섯 글자 예쁜 말〉의 곡 분위기와 코드 진행으로 주요 멜로디를 새롭게 만들어 갔다. 가족들은 〈내 사랑, 내 가족〉이라는 제목의 함께 만든 노래를 반복적으로 연습하고 악기를 구성하는 과정 속에서 가족 간의 건강한 교류를 지속하였고 작은 공연을 준비하고 영상을 촬영함으로써 하나가 되는 성취의 경험을 하게 되었다. 이렇게 8회기의 우리 가족 노래 만들기의 활동은 막을 내렸다.

4) 활동 정리

이 활동에 참여한 가족들의 반응은 다음과 같았다.

(1) 서로를 더 이해하는 시간이 되었다

가족들은 함께 음악을 만드는 시간을 통해 서로 배려하고 마음을 알고 서로에 대해 더욱 이해하는 시간이 되었다.

> 서로 불만이 있는데 표현하지 않고 있어서, 이번 활동을 통해 알게 되었습니다.

> 아빠가 말은 별로 없지만 되게 따뜻하고 가족을 생각하는 마음이 크다는 것을 알게 되었습니다.

> 서로 몰랐던 점을 찾고, 서로 노력하고 배려하려는 점을 배우게 되었습니다.

노래를 통해 의사소통에 도움이 된다고 생각했어요. 대화를 더 많이 하고, 아무 말 없이 이야기한 게 상대방에게 상처가 되었다는 것을 알게 되었습니다.

서로 어떤 마음을 가졌고 어떤 생각을 하고 지냈는지 알 수 있고 서로를 더 이해하고 고쳐야 될 것에 대해 알게 되었습니다.

(2) 화합하는 시간이 되었다

가족들은 이 활동에 참여하면서 가족의 단합을 느끼고 서로 하나가 되는 경험을 하게 되었다고 보고하였다. 또한 이러한 경험을 통해 가족에게 활력소가 되었다.

대화를 전보다 더 많이 하고 노래 같이 부르기를 하므로써 단합된 생활을 더 하게 되었습니다.

서로의 소중함을 느끼고 친해지는 재밌는 이벤트였던 것 같습니다.

가족의 의미를 더욱 느끼게 되었습니다.

(3) 가족만의 추억의 시간이 되었다

가족들은 이 활동에 참여하면서 우리 가족만의 추억을 공유하게 되고 색다른 경험을 하게 되었다.

우리 가족 노래가 있다는 것, 함께 하는 시간이 늘어났다는 것, 가족을 더욱 가깝게 해 주고 평생 남을 추억인 것 같아요.

오롯이 우리 가족만의 노래 가사가 만들어져서 가족과 함께 노래를 부르니 뿌듯하고 마음이 벅차고 기쁨이 더 했어요.

가장 기억에 남았던 자녀와의 추억을 노래로 만들기를 한 것이 가장 기억납니다.

가족 한마음 프로젝트 같은 훌륭한 의미가 되었습니다.

(4) 음악적 성취의 시간이 되었다

가족들은 이 활동에 참여하면서 그동안 멀게만 느껴졌던 음악활동을 통해 자신만의 음악성을 발견하고 더욱 음악이 좋아지는 성취감을 경험하게 되었다.

온 가족이 노래하는 것을 더욱 좋아하게 되었습니다.

아빠가 노래하면서 목소리가 달라졌어요. 노래를 잘 하게 되었어요.

마이크 울렁증이 있습니다. 음치 박치라도 내 목소리를 냈다는 것만으로도 좋았어요.

5) 맺음말

이번 프로젝트에 가족의 의미와 소통, 성장을 위한 과정에 치료사로 참여하여 작은 발걸음을 함께할 수 있어 큰 보람과 기쁨을 느꼈다. 가족을 이룬 부모는 누구나 좋은 부모가 되기를 바라지만 소통의 어려움을 느끼거나 서로 다른 양육 방식으로 고민하는 부분도 생기고 매일 일상을 함께하지만 마음 속 말들을 전하지 못해 서로에 대한 이해가 어려운 부분도 있다. 자녀 역시 좋은 자녀가 되기를 바라지만 어린 자녀는 아직 모든 것이 미숙할 수 있다. 이번 프로그램에 참여한 가족 역시 이러한 어려움을 느끼고 있었으며, 서로를 더욱 이해하여 가족 모두가 성장하기를 바라고 있었다. 가족 노래 만들기 프로그램은 이러한 가족을 위한 정말 멋진 프로그램이었다. 8주의 비교적 짧은 기간이었지만 가족 구성원의 마음을 열고 생각과 감정을 표현하며 가족만의 경험을 깨워 긍정적이고 의미 있는 소통을 가능하게 하였고 이를 토대로 가족만의 이야기를 만들어 갈 수 있는 마법같은 기회를 마련해 주었다. 노랫말을 만들고 멜로디를 만들고 가족의 목소리에 서로에 대한 마음을 담아 부르는 과정에서 가족은 그야말로 '하나'가 되었다. '음악과 노래'는 가족이 지닌 갈등과 어려움의 해결 방법을 친절하게 그리고 매우 역동적이고 유쾌한 어법으로 제시해 주었고 하나되는 가족의 행복감을 선물로 주었다. 치료사인 나에게도 말이다.

– 김성희 음악치료사

주변에서 쉽게 찾을 수 있는 가족은 아니었기에 입양가족은 어떤 분위기일지 궁금하고 떨리는 마음으로 시작했다. 특별한 가족이라 생각했기에 많은 정보를 수집하기 시작했고 덕분에 입양을 위한 자격 조건, 절차, 마음가짐에 대한 내용을 새롭게 알게 되었다. 그러면서 입양을 마냥 무거운 일로만 생각했던 편견이 깨졌다. 내가 만난 가정에서 느껴지는 안정감과 단단함은 혈연으로 맺어진 가족 이상으로 건강했고, '입양은 또 다른 가족의 형태'일 뿐이라는 말을 실감하게 되었다. 가족 간의 유대를 위해 서비스를 제공하는 나와 같은 사람들에게 "우리가 다 알지 못했던 사회 어느 부분에는 이런 유대 관계가 있어."라고 말하는 것 같았다. 가족의 유대를 위한 프로그램 의뢰가 점점 더 많아지고 있다. 그럴 때마다 이 가정을 떠올리게 된다. 가장 자연스럽고 과하지 않으면서 안전하고 단단한 목표를 세우는 데 큰 영향을 준 일곱 가족이 지금도 선명하게 떠오른다.

– 김현정 음악치료사

유진이 가족을 만날 당시 6개월 아들을 키우고 있었다. 한참 육아에 고군분투를 하고 있었을 때였다. 그때 유진이 부모님을 보면서 '부모가 된다는 것이 무엇인가?'를 배웠다. 큰 자가 어린 자를 섬기는 희생과 헌신, 그리고 용기는 사랑에서 나온다는 것을. 인생의 큰 파도를 만날 때 유진이 가족이 가르쳐 준 노래, 〈그런 사람 또 없습니다〉는 나와 가족, 그리고 누군가에게 내가 '그러한 사람이 되어야겠다.' 하고 다짐하게 한다.

큰 가르침을 준 유진이 가족에게 감사를 전한다.

— 김현주 음악치료사

새로운 형태의 가족을 만난다는 편견과 긴장의 시작에서, 음악으로 하나 된 가족의 노래를 통해 있는 그대로의 존중과 사랑을 느끼는 평범하고도 특별한 경험이었다.

— 전유진 음악치료사

[그림 5-6] 활동 사진

참고문헌

제1장

구자현(2018). 호모무지쿠스는 뇌로 음악을 듣는다. 경북대학교 출판부.

김정훈, 송한솔, 이송미, 박한솔, 이우영(2019). 바닥 충격음 및 배수음에 대한 인공음과 자연음의 마스킹 효과 조사. 한국소음진동공학회논문집, 29(6), 714-721.

김현득(2010). 음향효과를 이용한 방송멘트 인지도 향상에 관한 연구. 서경대학교 대학원 미간행 석사학위논문.

이석원(2003). 음악음향학. 심설당.

Deutsch, D. (2023). 왜곡하는 뇌. (박정미, 박종화 공역). 에이도스. (원저는 2019년에 출판).

Drosser, C. (2015). 음악본능. 우리는 왜 음악에 빠져들까? (전대호 역). 해나무. (원저는 2009년에 출판).

Helmholtz, H. (1954). *On the sensations of tone.* Dover Publications.

Kraemer, D. J. M., Macrae, C. N., Gereen, A. E,, & Kelly, W. M. (2005). Sound of silence activates auditory cortex. *Nature, 434,* 158.

제2장

김수지(2022). 신경재활 음악치료: 원리와 실제. 학지사.

이석원(2003). 음악음향학. 심설당.

Blacking, J. (1973). *How musical is man?* University of Washington Press.

Bunt, L. (1994). *Music therapy : An art beyond words.* Routledge.

Deutsch, D. (2023). 왜곡하는 뇌. (박정미, 박종화 공역). 에이도스. (원저는 2019년에 출판).

Ellis, W. D. (1938). *A source book of Gestalt Psychology.* Routledge and Kegan Paul.

Fraisse, P. (1982). *Rhythm and tempo.* In D Deutch(ed), The psychology of music(pp. 149-180). Academic Press.

Ghai, S., Ghai, I., Schmitz, G., & Effenberg, A. O. (2018). Effect of rhythmic auditory cueing on parkinsonian gait: A systematic review and meta analysis. *Scientific Report, 8*(1), 1-19.

Hughes, C. W. (1948). *The human side of music.* Philosophical Library.

Jourdain, R. (1997). *Music, the brain, and ecstasy.* Avon Books.

Leeds, J. (2010). *The power of sound: How to be health and productive using music and sound.* Healing Arts Press.

Maconie, R. (1997). *The science of music .* Clarendon Press.

Mankin, L. M., Wellman, M., & Owen, A. (1979). *Prelude to musicianship.* Schirmer Books.

Merker, B. (2000). Synchronous chorusing and human origins. In N. L. Wallin, B., Merker, & S. Brown(eds.). *The origins of music* (pp. 315-327). MIT press.

Rothstein, E. (1995). *Emblems of mind.* Avon Books.

Thaut, K. K., McIntosh G. C., & Hoemberg, V. (2015). Neurobiological foundations of neurologic music therapy: Rhythmic entrainment and the motor system. *Frontiers in Psychology, 5*, 1185.

Wallin, N. L. (1991). *Biomusicology*. Pendragon Press.

제3장

강경선(2008). 현대사회에서 음악의 사용: 전략적 상업음악과 치료적 음악 사용을 중심으로. 인문과학연구, 19, 281-301.

구자현(2018). 호모무지쿠스는 뇌로 음악을 듣는다. 경북대학교 출판부.

권수영, 배미현(2020). 음악이 유도하는 정서의 신경 영상 연구에 대한 체계적 문헌 연구. 한국음악치료학회지, 22(1), 73-99.

김수지(2022). 신경재활음악치료: 원리와 실제. 학지사.

김은영, 황은영(2022). 포스트코로나 시대 비대면 음악감상의 치유가능성 탐색: 음악감상 중재 효과에 대한 메타분석. 연극예술치료연구, 17, 56-93.

박영란(1992). 음악치료의 역사적 고찰. 동아대학교 대학원 석사학위논문.

박홍석, 이정미(2016). 정적 정서 부적 정서 척도(PANAS)의 타당화, 한국심리학회지: 일반, 35(4), 617-641.

서보민(2010). 음악요법이 미숙아의 행동상태, 체중 및 활력징후에 미치는 영향. 인제대학교 보건대학원 석사학위논문.

이도희(2015). 중증 치매환자의 행동심리 증상 완화를 위한 다감각 자극 중심 음악활동. 이화여자대학교 교육대학원 석사학위논문.

이상은, 김경숙(2018). 국내 음악치료 전문 학술 연구에서 사용된 측정도구의 동향 분석. 한국음악치료학회지, 17(1), 63-91.

이지영(2006). 뇌연구 방법론을 통해 살펴본 음악치료과정 연구: 음악과 언어, 음악과 정서를 중심으로. 서울대학교 대학원 석사학위논문.

정현주(2022). 인간행동과 음악: 음악은 왜 치료적인가? 학지사.

정혜선(2022). 중도중복장애 아동, 청소년의 음악 반응 행동과 음악의 혜택에 대한 주양육자 인식. 이화여자대학교 교육대학원 석사학위논문.

황은영, 장문정, 고은진, 위아름, 박지선, (2019). 음악과 인간행동: 음악에서 음악치료까지. 학지사.

황은영(2021). 일반성인들의 일상에서의 음악생활과 심리치유 기능으로서 음악사용 정서조절 전략 조사연구. 예술심리치료연구, 17(3), 237-265.

Ackermann, H., & Riecker, A. (2004). The contribution of the insula to motor aspects of speech production: a review and a hypothesis. *Brain and Language, 89*(2), 320-328

Boxberger, R. (1962). Historical bases for the use of the music in therapy. In E. H. Schneider (Ed.), *Music therapy* (pp. 125-166). National Association for Music Therapy, Inc.

Bogert, B., Numminen-Kontti, T., Gold, B., Sams, M., Numminen, J., Burunat, I., ··· & Brattico, E. (2016). Hidden sources of joy, fear, and sadness: explicit versus implicit neural processing of musical emotions. *Neuropsychologia, 89*, 393-402.

Bravo, F., Cross, I., Stamatakis, E. A., & Rohrmeier, M. (2017). Sensory cortical response to uncertainty and low salience during recognition of affective cues in musical intervals. *PloS(Public Library of Science) one, 12*(4), e0175991.

Cardinal, R. N., Parkinson, J. A., Hall, J., & Everitt, B. J. (2022). Emotion and motivation: The role of the amygdala, ventral striatum, and prefrontal cortex. *Neuroscience & Biobehavioral Reviews, 26*(3), 321-352.

Chen, J. L., Penhune, V. B., & Zatorre, R. J. (2008). Listening to musical rhythms recruits motor regions of the brain. *Cerebral Cortex, 18*(12), 2844-2854.

Do Zeeuw, C. L., Lisberger, S. G., & Raymond, J. L., (2021). Diversity and dymanism in the cerebellum. *Nature Nuuroscience, 24*, 160-

167.

Drosser, C. (2015). 음악본능. 우리는 왜 음악에 빠져들까? (전대호 역). 해나무. (원저는 2009년에 출판).

Fujioka, T., Trainor, L. J., Large, E. W., & Ross, B. (2012). Internalized timing of isochronous sounds is represented in neuromagnetic beta oscillations. *Journal of Neuroscience, 32*(5), 1791-1802

Grahn, J., & Rowe, J. B., (2009). Feeling the beat: premotor and striatal interactions in musician and nonmusicians during beat perception. *Journal of Neuroscience, 29*(23), 7540-7548.

Hall, M. P. (2018). 음악의 심리학. (윤민, 남기종 공역). 마름돌. (원저는 1957년에 출판).

Hyde, K. L., Lerch, J., Norton, A., Forgeard, M., Winner, E., Evans, A. C., & Schlaug, G. (2009). Musical training shapes structural brain development. *Journal of Neuroscience, 29*(10), 3019-3025.

Juslin, P., & Västfjäll, D. (2008). Emotional responses to music : The need to consider underlying mechanisms. *Behavioral and Brain Science, 31*, 559-575.

Kaplan, M. (1990). *The arts: A social perspective.* Fairleigh Dickinson University Press.

Kleim, J. A., & Jones, T. A. (2008). Principles of experience-dependent neural plasticity: implications for rehabilitation after brain damage. *Journal of speech, language, and hearing research : JSLHR, 51*(1), S225-S239.

Koelsch, S., Fritz, T. V., Cramon, D. Y., Müller, K., & Friederici, A. D. (2006). Investigating emotion with music: An fMRI study. *Human Brain Mapping, 27*(3), 239-250.

Larsen, R. J. (2000). Toward a science of mood regulation. *Psychological Inquiry, 11*(3), 129-141.

Levitin, D. J. (2021). 음악인류: 우리 뇌속에 음악이 들어오면 벌어지는 일들.

(이진선 역). 와이즈베리. (원저는 2007년에 출판).

Lundqvist, L. O., Carlsson, F., Hilmersson, P., & Juslin, P. N. (2009). Emotional responses to music: Experience, expression, and physiology. *Psychology of Music, 37*(1), 61-90.

Menon, V., & Levitin, D. J. (2005). The rewards of music listening: response and physiological connectivity of the mesolimbic system. *Neuroimage, 28*(1), 175-184.

Merriam, A. P. (1964). *The anthropology of music.* Northwestern University Press.

Mitterschiffthaler, M. T., Fu, C. H., Dalton, J. A., Andrew, C. M., & Williams, S. C. (2007). A functional MRI study of happy and sad affective states induced by classical music. *Human Brain Mapping, 28*(11), 1150-1162

Morris, W. N., & Reilly, N. P. (1987). Toward the self-regulation of mood: Theory and research. *Motivation and emotion, 11*(3), 215-249

Mueller, K., Fritz, T., Mildner, T., Richter, M., Schulze, K., Lepsien, J., ⋯ & Möller, H. E. (2015). Investigating the dynamics of the brain response to music: A central role of the ventral striatum/nucleus accumbens. *Neuroimage, 116*, 68-79.

Musacchia, G., & Khalil, A. (2020). Music and learning: Does music make you smarter? *Neuroscience, 8*(81), 1-6.

Peretz, I., & Gagnon, L. (1999). Dissociation between recognition and emotional judgements for melodies. *Neurocase, 5*(1), 21-30

Pereira, C. S., Teixeira, J., Figueiredo, P., Xavier, J., Castro, S. L., & Brattico, E. (2011). Music and emotions in the brain: familiarity matters. *PloS one, 6*(11), e27241.

Rauscher, F. H., Shaw, G. L., & Ky, K. N. (1995). Listening to Mozart enhances spatial-temporal reasoning: towards a neurophysiological basis. *Neurosci. Lett. 185*, 44-47.

Rodocy, R., & Boyle, D. (2001). 음악심리학. (최병철, 방금주 공역). 학지사. (원저는 1997년에 출판).

Sachs, C. (1943). *The rise of music in the ancient world. east and west*, Martinus Nijhoff.

Salimpoor, V. N., Benovoy, M., Larcher, K., Dagher, A., & Zatorre, R. J. (2011). Anatomically distinct dopamine release during anticipation and experience of peak emotion to music. *Nature Neuroscience, 14*, 257-262.

Schlaug, G., Norton, A., Overy, K., & Winner, E. (2005). Effects of music training on the child's brain and cognitive development. *Annals of the New York Academy of Science, 1060*, 219-230.

Schmahmann, J. D., & Sherman, J. C. (1998). The cerebellar cognition affective syndrome. *Brain and Cognition, 121*, 561-579.

Shiota, M. N., & Kalat, J. W. (2012). *Emotion* (2nd ed.). Wadsworth Cengage Learning.

Stolba, K. M. (1998). *The development of western music. A history* (3rd ed.). McGraw-Hill.

Watson, D., Clark, L. A., & Tellegen, A. (1988). Development and validation of brief measures of positive and negative affect: The PANAS scales. *Journal of Personality and Social Psychology, 54*(6), 1063-1070.

Young, P. T. (1973). Feeling and emotion. In B. B. Wolman (Ed.), *Handbook of general psychology* (pp. 749-771). Englewood Cliffs, Prentice-Hall.

제4장

연합뉴스(2021. 6. 24.). 병원서 희망 연주하던 '장애인 오케스트라' 정규직

되다. https://www.yna.co.kr/view/AKR20210624072900052

이은혜, 김영신(2022). 음악치료사들이 지각하는 의미 있는 재창조 활동 경험에 대한 근거이론 연구. 예술심리치료연구, 18(2), 101-123

최아란(2019). 국내 커뮤니티 음악치료의 현황 조사 연구. 숙명여자대학교 대학원 석사학위논문.

Aigen, K. (2011). 음악중심 음악치료. (이경숙, 류리 공역). 학지사. (원저는 2005년에 출판).

Ansdell, G. (2002). Community music therapy and the winds of change. *Voices: A World Forum for Music Therapy, 2*(2). https://doi.org/10.15845/voices.v2i2.83

Ansdell, G. (2016). *How music helps in music therapy and everyday life.* https://doi.org/10.4324/9781315587172

Austin, D. S. (2012). 성악심리치료의 이론과 실제: 자기에 대한 노래. (한국성악심리치료사협회 역). 시그마프레스. (원저는 2008년에 출판).

Baars, B. J. (1986). The cognitive revolution in psychology. Guilford Press.

Baker, F., & Wigram, T. (2008). 치료적 노래 만들기. (최미환 역). 학지사. (원저는 2005년에 출판).

Bonny, H. L. (1987). Music the language of immediacy. *The Arts in Psychotherapy, 14*(3), 255-261.

Bruscia, K. E. (1998). 음악치료의 즉흥연주 모델. (김군자 역). 양서원. (원저는 1987년에 출판).

Bruscia, K. E. (2006). 음악심리치료의 역동성. (최병철, 김영신 공역). 학지사. (원저는 1998년에 출판).

Darrow, A. A. (2006). 음악치료접근법. (김영신 역). 학지사. (원저는 2004년에 출판).

Detrick, D., & Detrick, S. (Eds.). (1989). *Self pschotherapy: Comparisons and countraits.* The Analytic Press.

Gardstrom, S. C., & Hiller, J. (2010). Song discussion as music psychotherapy. *Music Therapy Perspectives, 28*(2), 147-156.

Goldstein, S. L. (1990). A songwriting assessment for hopelessnessin depressed adolescents; a review of the literature and a polot study. *Arts in Psychotherapy 17*, 117-124.

Grocke, D., & Wigram, T. (2011). 음악치료 수용기법. (문소영, 이윤진 공역). 학지사. (원저는 2007년에 출판).

Ledger, A. (2001). Song parody for adolescents with cancer. *The Australian Journal of Music Therapy, 12*, 21-27.

Michels, U. (2005). 음악은이. (홍정수, 조선우 편역). 음악춘추사. (원저는 2000년에 출판).

Neukrug, S. E. (2017). 상담이론과 실제. (정여주 역). 사회평론아카데미. (원저는 2010년에 출판).

Nordoff, P., & Robbins, C. (1998). Edward. *Norsk Tidsskrift for Musikkterapi, 7*(1), 57-64.

Nordoff, P., & Robbins, C. (2007). *Creative music therapy*. Barcelona Publishers.

O'Callaghan, C. (1996). Lyrical themes in song writing by palliative care patients. *Journal of Music Therapy, 33*(2), 74-92.

Priestely, M. (1975). *Music therapy in action*. St. Martin's Press.

Robbins, C. (1993). The creative processes are universal. In M. Heal & T. Wigram (Eds). *Music therapy in health and education*. Jessica Kingsley.

Robb, S. (1996). Technique in song writing: restoring emotional and physical wellbeing in adolescents who have been traumatically injured. *Music Therapy Perspectives, 14*, 30-37.

Robb, S. L., & Edderts, A. G. (2003). Song writing and digital video production interventions for pediatiric patients undergoing bone parrow transplantation, Part Il An analysis of depression ans anxiety levels according to phase of treatment. *Journal of Pediatric Oncology Nursing, 20*(1), 2-15.

Runco, M. A. (1999). Self-actualization, In M. A. Runco & S. R. Pritzker (Eds.). *Encyclopedia of creativity* (Vol.2, pp. 533-536). Academic Press

Ruud, A. (2010). *Music therapy: A perspective from the humanities.* Barcelona Publishers.

Schneider, K. J., Bugental, J. F. T., & Pierson, J. F. (Eds.). (2001). *The handbook of humanistic psychology: Leading edges in theory, research, and practice.* Sage Publications, Inc.

Seligman, L. & Reichenberg, L. W. (2014). 상담 및 심리치료의 이론(4판). (김영혜, 박기환, 서경현, 신회천, 정남운 공역). 시그마프레스. (원저는 2013년에 출판).

Stige, B., & Edvard Aarø, L. (2021). 커뮤니티 음악치료. (순진이, 곽은미 공역). 학지사. (원저는 2012년에 출판).

Taylor, D. B. (1997). *Biomedical foundation of music as therapy.* MMB Music.

Turry, A. (1998). Transference and countertransference in Nordoff-Robbins music therapy. In K. Bruscia (Ed.). *The Dynamic of music psychotherapy.* Barcelona.

Vaughan, F. (1979). *Awakening intuition.* Doubleday.

Wheeler, B. L. (1983). A Psychotherapeutic classification of music therapy practices: A continuum of procedures. *Music Therapy Perspectives, 1*(2), 8-12.

Wilson, G. T. (2000). Behavior therapy. In R. J. Corsini & D. Wedding (Eds.). *Current psychotherapies.* Peacock.

World Health Organization (1946). *The Constitution of the World Health Organization.* World Helthe Organization,

황은영, 양은아(2022). 50+세대 여성의 심리적 안녕감 향상을 위한 자기자비 기반의 음악치유 프로그램 개발. 2022 50+ 당사자연구 연구보고서. http://50plus.or.kr/org/detail.do?id=30015007

Walden, M., Charley Elliott, E., Ghrayeb, A., Lovenstein, A., Ramick, A., Adams, G., Fairchild, B., & Schreck, B. (2021). And the Beat Goes On: Heartbeat Recordings through Music Therapy for Parents of Children with Progressive Neurodegenerative Illnesses. *Journal of palliative medicine, 24*(7), 1023-1029. https://doi.org/10.1089/jpm.2020.0447

찾아보기

찾아보기

찾아보기

저자 소개

황은영(Eunyoung, Hwang)

숙명여자대학교 일반대학원 음악치료학 전공 박사
임상음악전문가 1급 / GIM Fellow / 명상지도전문가 T급
현 숙명여자대학교 음악치료대학원 임상음악치료학과 조교수

양은아(Euna, Yang)

숙명여자대학교 일반대학원 음악치료학 전공 박사
임상음악전문가 1급 / GIM Fellow / KNRMT
현 숙명여자대학교 원격대학원 음악치료학과 초빙교수

처음 만나는 음악심리학
-음악에서 치료까지-
The Music-Psychology for Beginners: From Music to Music Therapy

2024년 9월 5일 1판 1쇄 인쇄
2024년 9월 10일 1판 1쇄 발행

지은이 • 황은영 · 양은아
펴낸이 • 김진환
펴낸곳 • ㈜ **학지사**

04031 서울특별시 마포구 양화로 15길 20 마인드월드빌딩
대표전화 • 02-330-5114   팩스 • 02-324-2345
등록번호 • 제313-2006-000265호

홈페이지 • http://www.hakjisa.co.kr
인스타그램 • https://www.instagram.com/hakjisabook

ISBN 978-89-997-3197-6 93180

정가 17,000원

출판미디어기업 학지사

간호보건의학출판 **학지사메디컬** www.hakjisamd.co.kr
심리검사연구소 **인싸이트** www.inpsyt.co.kr
학술논문서비스 **뉴논문** www.newnonmun.com
교육연수원 **카운피아** www.counpia.com
대학교재전자책플랫폼 **캠퍼스북** www.campusbook.co.kr